“十三五”国家重点图书

改革开放40年中国猪业发展与进步

生猪精准饲喂与管理

主编　李清宏　吴志君
主审　苗玉涛

中国农业大学出版社
·北京·

内容简介

实施生猪精准饲养基础在数据精准，根本在管理精准。本书从生猪个体管理入手，围绕生猪精准饲养的环节，从猪的营养模型、环境数据采集、精准疫病免疫、标准化精准饲养、智能饲喂设备精准使用、生猪数据精准管理6方面阐述了生猪精准饲喂与管理的有关知识，以期对我国生猪业的转型发展，提高效益与效率有所帮助。

图书在版编目(CIP)数据

改革开放40年中国猪业发展与进步. 生猪精准饲喂与管理/印遇龙等主编；李清宏，吴志君分册主编. —北京：中国农业大学出版社，2018.10

"十三五"国家重点图书

ISBN 978-7-5655-2107-2

Ⅰ.①改… Ⅱ.①印… ②李… ③吴… Ⅲ.①养猪业-产业发展-研究-中国 ②养猪学 Ⅳ.①F326.33 ②S828

中国版本图书馆CIP数据核字(2018)第228579号

书　名	改革开放40年中国猪业发展与进步 生猪精准饲喂与管理		
作　者	李清宏　吴志君　主编		
策划编辑	丛晓红　赵　中	**责任编辑**	刘耀华
封面设计	郑　川　黄海滔		
出版发行	中国农业大学出版社		
社　址	北京市海淀区圆明园西路2号	**邮政编码**	100193
电　话	发行部 010-62818525，8625 编辑部 010-62732617，2618		读者服务部 010-62732336 出　版　部 010-62733440
网　址	http://www.caupress.cn	**E-mail**	cbsszs@cau.edu.cn
经　销	新华书店		
印　刷	涿州市星河印刷有限公司		
版　次	2018年10月第1版　2018年10月第1次印刷		
规　格	787×1092　16开本　6.75印张　165千字　彩插1		
定　价	388.00元(全九册)		

图书如有质量问题本社发行部负责调换

编审委员会

序

国庆之后，孙德林先生来到我的办公室，系统介绍了即将出版的《改革开放40年中国猪业发展与进步》一书并邀我做序，我为之一振。

这部系统记录中国改革开放40年养猪业巨大变化的恢宏著作，就像中国养猪人的“系谱”，描述了我国猪产业在遗传改良、营养与饲料科学、猪场设计与环境控制、疫病防控与生物安全和猪场管理等各方面的技术进步，述说着一代代养猪人的情怀。

1978年全国生猪出栏1.6亿头，到2017年全国生猪出栏6.89亿头；猪肉消费从改革开放初期人均约15 kg，到现在人均约40 kg。由于养猪业的发展，我们彻底改变了中国人动物性蛋白质食品供应不足的局面，实现了猪肉自给自足，这是一个开天辟地的飞跃。这样的成果来之不易，感恩于党领导下的改革开放政策的引领，感恩于亿万养猪从业者脚踏实地、持之以恒的勤奋努力。

中国养猪业经历了从分散饲养发展成规模化与集约化生产的过程。改革开放初期，中国养猪还不能称之为产业，40年来，我们学习借鉴国外先进工艺设计，从机械化养猪到工厂化养猪，再到现代化和智能化养猪，我们走了一条引进、消化、吸收与创新的道路。在猪种方面，我们也是从中国地方猪品种到培育新品种、引进国外高产高效猪种，再到实现中国地方猪品种与外来猪品种杂交，生产安全、优质猪肉的生产模式。在育种技术上，我们从常规体尺测定到动物数量遗传学在育种上的应用，再到现在高科技生物技术在养猪生产中应用，实现了育种手段上跨越式的发展。

该书（全9册）是养猪科学家与企业家联袂打造的成果，体现了合作共赢的理念，表达了养猪接力棒的传承。我们还不是养猪强国，目前任务还很艰巨，未来任重道远，需要我们继续努力创新，加快提高养猪生产力水平。新一代养猪从业者的胸襟、抱负、视野和理念决定着中国养猪业未来的发展，我们将拭目以待。

作为中国畜牧战线的一名科技工作者，拿到沉甸甸的书稿，我真是心潮澎湃。看到一个个熟悉的中青年科技工作者，看到飞速发展的中国养猪产业，我感到骄傲与自豪，在无比的喜悦中快乐地分享着。在此将该书推荐给广大养猪界的朋友们，以此感谢勤苦付出的编委团队。祝大家猪业新程，再立新功！

中国科学院院士
中国农业大学教授
2018年10月于北京

前　言

生猪是我国畜牧业的重要组成部分，猪肉是国民第一肉食来源。保障生猪业健康持续发展事关国计民生。生猪精准饲喂与管理是提高猪场效益的关键，是解决我国饲料资源不足的重要途径，是生态文明建设的重要保障，是解决“谁来养猪”问题的重要出路，是实现猪肉安全的有效途径之一。

受科技支撑条件与猪业发展的基础条件限制，精准养猪在我国起步较晚。1998 年孙德林和李炳坤主编、中国农业大学出版社出版的《工厂化养猪信息管理系统》，2006 年熊本海主编、中国农业科技出版社出版的《猪精细养殖综合技术平台》，标记着我国生猪精准饲养迈出了坚实的步伐。2012 年党的十八大将生态文明纳入“五位一体”总体布局。在现代信息技术与智能养猪设备的推动下，在大规模猪场蓬勃发展的背景中，面对资源与生态环境的双重压力，生猪精准饲喂与管理成为改革开放以来，我国猪业发展中的重大事件，并将成为引领我国生猪产业现代化的重要动力。

《生猪精准饲喂与管理》内容涉及猪精准选育、饲料精准使用、生猪精准饲养、疾病精准控制、生产精准管理，与饲养圈舍的环境因素、饲养方式、繁殖水平、投入品管理等原始数据的采集密切相关，是育种、营养与性能等生物模型的精准使用，是智能设备研发、管理平台建设等的基本依托。本书从生猪个体标识的精准管理源头谈起，分环节回顾和总结了与猪业精准饲喂相关的模型、环境、疾病、饲养、饲喂设备、数据平台 6 个领域的发展历程。本书是“健康功能畜产品生产技术研究与应用”项目（课题编号：201703D211001-05）与“畜禽高效安全养殖信息化技术研发与应用示范”项目（课题编号：2018YFD0500705）研究成果的一部分。

本书是由国家生猪产业技术创新战略联盟、中国农机学会机械化养猪工程分会和广西扬翔股份有限公司和北京市生猪产业技术体系创新团队组织的《改革开放 40 年中国猪业发展与进步》一书的分册，由山西省生猪产业技术体系和广西农垦永新畜牧集团有限公司为主编单位，山西省生猪产业技术体系创新团队岗位专家、山西农业大学李清宏教授和广西农垦永新畜牧集团有限公司吴志君先生担任主编；河北省生猪产业技术体系创新团队为主审单位，河北省生猪产业技术体系创新团队首席专家、河北省畜牧总站苗玉涛研究员担任主审。

鉴于编写时间仓促以及该领域尚处于发展期，书中尚存在许多遗漏与不足，恳请大家批评指正。

《生猪精准饲喂与管理》分册编写组

2018年7月

目　　录

第 1 章
猪的个体与舍栏管理

本章内容提要

猪的个体标识与猪舍、猪栏管理是猪精准饲喂与管理的基础，本章从 3 方面介绍了国内相关内容的演变历程与现状。

猪的精准管理指对每头繁殖猪与肉猪的饲养与管理，为此必须做好猪场中猪的个体标识与所在猪场的猪舍、猪栏的编号。在国内，猪的个体标识源于猪的育种，目的是实现育种群猪的个体性能测定数据管理。早在 2000 年，全国畜牧总站就印发了《全国种猪遗传评估方案(试行)》[牧站(种)〔2000〕60 号]，附件二《遗传评估数据记录系统标准》中明确了参与全国联合育种的种猪个体号编码规范[后被《种猪登记技术规范》(NY/T 820—2004)取代]；2002 年起，《动物免疫标识管理办法》(中华人民共和国农业部令第 13 号)中的《免疫标识编码制度》成为全国统一的生猪个体编号制度在全国实施；2004 年，《种猪登记技术规范》(NY/T 820—2004)发布；2006 年，《畜禽标识和养殖档案管理办法》(中华人民共和国农业部令第 67 号)取代《动物免疫标识管理办法》，成为全国统一的生猪个体标识标准，使用至今。

1.1 猪个体标识

猪的个体标识包括编号标准与标号方式两个方面。猪的编码全国统一标准目前有《种猪联合育种编码标准》《养殖档案管理编码标准》与《动物防疫耳标编码标准》3 个，各猪场实际执行中又有很多标准。猪的标号方式有耳牌法、耳缺法、刺青法 3 种，根据耳牌的读数方式又有电子耳牌与普通耳牌两类。

1.1.1 编码标准

1.1.1.1 《种猪联合育种编码标准》(全国畜牧总站,2000)

根据《遗传评估数据记录系统标准》,参与全国性遗传评估以及采用该评估系统进行场内测定的种猪测定站、核心育种场、原种猪场和繁殖场的种猪、后备种猪的性能测定记录系统,个体号(ID)实行全国统一的种猪编号系统。本编号系统由15位字母和数字构成,编号原则如下。

前2位用英文字母表示品种:DD表示杜洛克,LL表示长白,YY表示大白,HH表示汉普夏。二元杂交母猪用父系+母系的第一个字母表示,例如长大杂交母猪用LY表示。

第3位至第6位用英文字母表示场号(由农业部统一认定)。

第7位用数字或英文字母表示分场号(先用1至9,然后用A至Z,无分场的种猪场用1)。

第8位至第9位用数字表示个体出生时的年度。

第10位至第13位用数字表示场内窝序号。

第14位至第15位用数字表示窝内个体号。

建议个体编号用耳牌+刺青或耳缺做双重标记,耳牌编号为个体号第3位至第6位字母,即场号,加个体号的最后6位。

例如,DD××××299000101表示××××场第2分场1999年第1窝出生的第1头杜洛克纯种猪。

1.1.1.2 《养殖档案管理编码标准》(农业部,2006)

《畜禽标识和养殖档案管理办法》规定畜禽标识实行一畜一标,编码应当具有唯一性。畜禽标识编码由畜禽种类代码、县级行政区域代码、标识顺序号共15位数字及专用条码组成。猪的畜禽种类代码为1。

编码形式为:×(种类代码)-××××××(县级行政区域代码6位)-××××××××(标识顺序号8位)。

生产企业生产的畜禽标识牌应当符合2006年9月1日农业部发布的《关于贯彻实施<畜禽标识和养殖档案管理办法>的通知》(农医发〔2006〕8号)中的《畜禽耳标技术规范》。

1.1.1.3 《动物防疫耳标编码标准》(全国畜牧总站,2005)

《动物防疫耳标规范》(NY/T 938—2005)规定猪的免疫码为14位。要求耳标编码由激光刻制,猪耳标刻制在主标耳标面正面,排布为相邻直角两排,上排为主编码,右排为副编码。专用条码由激光刻制在主、副编码中央。主编码由6位数字组成,是县(区)行政区域代码,代表牲畜的产地,字体为四号宋体。副编码由8位字符构成,首位字母P代表猪,后7位为以县为单位的连续编码,代表牲畜个体,字体为三号宋体。猪免疫标识牌标准如图1-1所示。

1.1.1.4 企业标准

企业编号标准如PIC公司的千日历6位码法,河北中道农牧有限公司的7位码法。

千日历以1 000 d为1个周期,对某猪场而言,千日历用完后从001天开始。采用6位码系统,刺耳法;选留后戴耳牌。第1到第3位为千日历,表示产仔日期,第4位为舍号,第5位

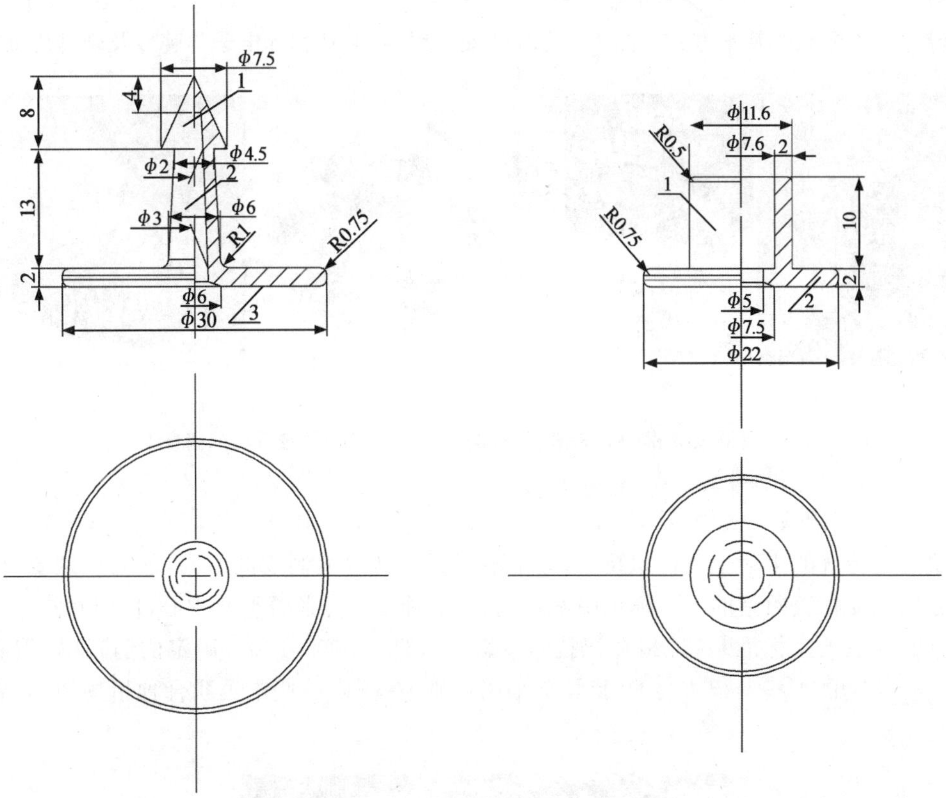

1- 耳标头　2- 耳标颈　3- 耳标正面

A. 猪主耳标结构规格尺寸示意图 (单位：mm)

1- 耳标锁扣　2- 耳标颈

B. 猪辅耳标结构规格尺寸示意图 (单位：mm)

图 1-1　猪免疫标识牌标准

引自:农业部.农医发〔2006〕8 号,2006.

为窝号,第 6 位为个体编码。4～6 位超过 9 时,用英文字母表示,可表示到 27 个。适用于全公司产仔舍不超过 27 个、每日产仔窝数不超过 27 窝的猪场。

河北中道农牧有限公司采用年份+品种+个体出生序号(4 位);自留种猪左耳场号,右耳个体序号;自留种猪耳朵与臀部刺青。如图 1-2 所示,CNZD001 为企业简称代码与场号,D81 为品种代码,6369 为出生序号。

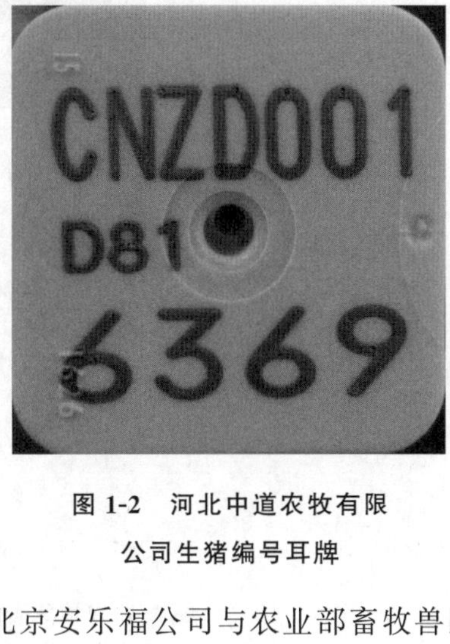

图 1-2　河北中道农牧有限公司生猪编号耳牌

1.1.2　标识方法

1.1.2.1　耳牌法

耳牌法具有简单、清晰的特点,被多数猪场接受,激光标识牌的使用克服了字色易褪的不足。特别是 2002 年北京安乐福公司与农业部畜牧兽医器械质检中心共同起草耳标及固定器的标准《家畜用耳标及固定器》(NY 534—2002),使耳牌法成为猪场个体标识的基本方式。图1-3为耳牌安装钳、普通耳牌和电子耳牌以及戴耳牌的猪。

A　　B　　C　　D

图1-3　耳牌安装钳(A)、普通耳牌(B)、电子耳牌(C)及戴耳牌的猪(D)

1.1.2.2　**耳缺法**

耳缺法是传统的生猪个体标识技术,鉴于不同猪场耳缺编制规则不同,加之识别要求高,所以该方法主要在繁殖猪的个体标识中使用[农业部种猪质量监督检验中心(广州),2004]。

现有的标识国家标准是《种猪登记技术规范》(NY/T 820—2004)确定的《猪耳缺编制规则》(图1-4)。美国种猪登记协会的《猪耳缺编码规则》在国内一些中美联合种猪场使用,编码规则见图1-5。

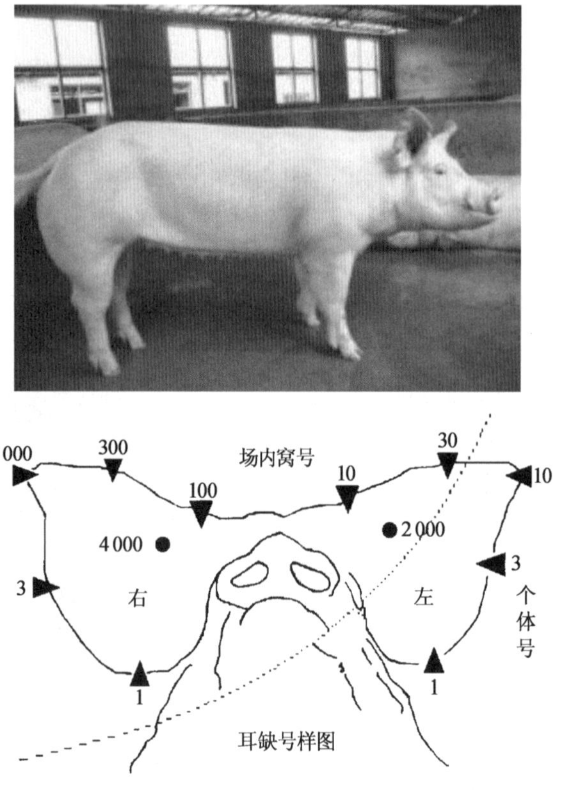

图1-4　《种猪登记技术规范》(NY/T 820—2004)耳缺号样图

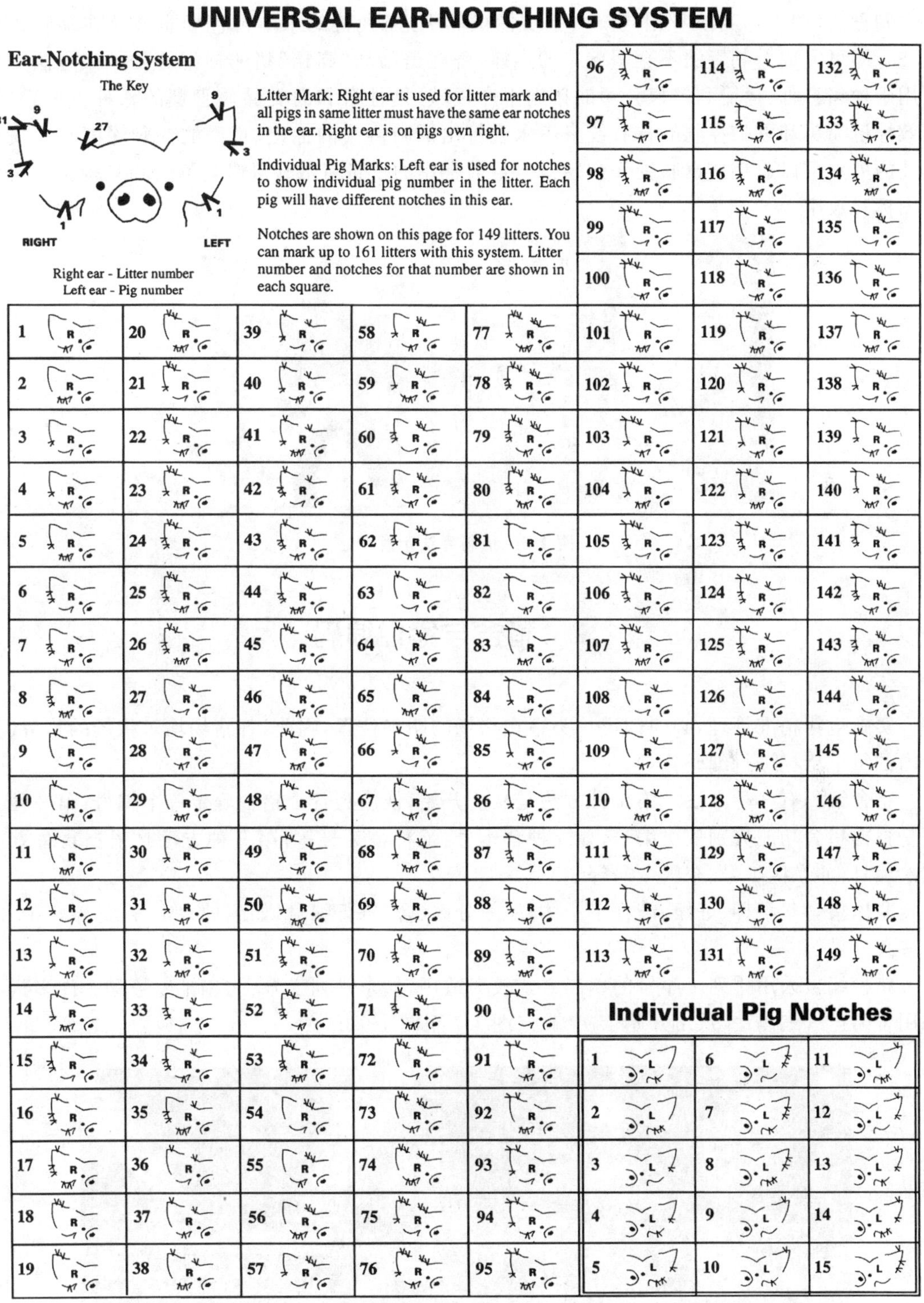

图 1-5 美国种猪登记协会的猪耳缺编码规则

1.1.2.3 刺青法

刺青法(图1-6)与纹身相同。由于纹标机的引进,独特的永不褪色标志被纹在动物皮肤上,3 s即可完成。刺青法不会引起猪的疼痛,曾经是猪场“高档”猪的标记符号。该方法主要应用于种猪育种、运输和销售公司的猪肉生产领域,是牲畜和肉类品质管理的一种重要手段。高效标记喷头和电脑控制的特有纹身墨水会打出清晰可读的标记,精确的穿刺深度和经安全认证的墨水可以避免猪皮肤受伤和感染。目前常用的设备有数显屏幕,操作简单,标记中可包含图标和数字。

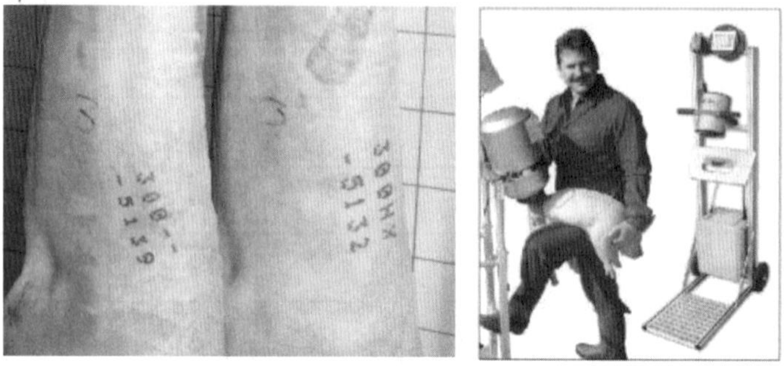

图1-6 猪刺青法示意图

1.2 猪舍与猪栏编码

实施生猪精准管理,必须知道一头猪在猪场的明确位置,因此,各猪场均对猪场的猪舍、猪舍内的每个猪栏进行编码管理。

猪舍编码有3种方法。第1种方法是从1开始,依次为各个猪舍确定一个编号;第2种方法是根据猪舍功能分别依次编号,如配种舍1号、配种舍2号等;第3种方法是根据猪舍方位依次编号,如东区1号、东区2号等。

联体猪舍集配种、妊娠、产仔于一体,一般分区(舍)进行编号,如配种舍1号、妊娠舍1号、产仔舍1号等。

猪栏编号采用排列+序号的编码方式较为适用,如东1列1号、北1排5号等。许多猪场采用舍内连续编码法,从1开始依次编号(图1-7至图1-9)。

图1-7 肉猪(后备、保育)舍(左)与公猪舍(右)猪栏编号

图 1-8　母猪限位与产床编号

图 1-9　后备猪栏编号

参考文献

[1] 农业部. 畜禽标识和养殖档案管理办法. 中华人民共和国农业部令第67号,2006.
[2] 农业部种猪质量监督检验中心(广州). 种猪登记技术规范(NY/T 820—2004),2004.
[3] 全国畜牧总站. 动物防疫耳标规范(NY/T 938—2005),2005.
[4] 全国畜牧总站. 全国种猪遗传评估方案(试行). 牧站(种)〔2000〕60号,2000.

第 2 章
猪精准饲养模型

本章内容提要

精准饲养的关键是饲料的精准保障，猪的营养需求模型与饲料营养价值模型是猪精准饲养的基础。本章系统总结了 40 年来相关模型的研究进展，为实施精准养猪提供了模型基础。

实现猪精准饲养的基础是猪的生长规律与营养物质需求、利用模型。猪的生长发育与品种和饲喂过程关系密切，虽然常受周围各种环境的影响，却也有一定规律可循。养猪生产中，揭示生猪生长规律对于猪的健康生长、提高饲料报酬、提高生产力和经济效益以及推动猪业的信息化具有极其重要的意义。饲料营养价值是饲料科学使用的基础，但饲料营养价值的常规方法评定是一个冗长的过程，近红外光谱技术通过饲料的营养成分预测其有效能值，为猪饲料配方制作提供了重要的参考意义。

2.1 生长模型

猪的生长受基因型、饲喂水平以及环境等因素影响。品种确定后，在保证自由采食饮水、能量水平以及营养素充足、均衡，温湿度、光照、空气质量和饲喂密度等条件均适合的理想条件下，猪的生长表现出一定的规律性，这为猪的育种、饲料营养模型设计提供了基本依据。

第一个猪的生长模型由 Schinckel 等(1996)提出，在他们的研究中得出了最佳的生长曲线以及屠宰体重，最佳屠宰体重可根据不同标准选择不同公式。该模型是基于经验建立的公式，在公式的适用范围之外容易产生较大的误差，使用范围并不广泛。早期的增长模型多是静态模型，我国周晓容等(2005)进行了育肥猪体蛋白沉积模型的建立，在他们的研究中，分别对公猪和母猪的体蛋白进行了动态预测并且具有很高的相关性。

表2-1提供了国外有关猪生长性能预测的模型。

表2-1 国外有关猪生长性能预测的模型

Equation	Functional form
Liner growth	$W = W_0 + bt$
Polynomials	$W = W_0 + b_1 t + b_2 t^2 + \cdots + b_n t^n$
Ratio of polynomials	$W = \frac{W_0 + b_1 t + b_2 t^2 + \cdots + b_i t^i}{W_0 + b_1 t + b_2 t^2 + \cdots + b_n t^n}$
Count	$W = W_0 + bt + c\ln(t+1)$
Reed	$W = a + bt + c\ln(t+1) + \frac{d}{t+1}$ $W = a + bt + c\ln(t+1) + \frac{d}{t+1} + \frac{e}{(t+1)^2}$
Wingerd	$W = W_0 + bt + c\sqrt{t}$
Exponential	$W = W_0 e^{kt}, 0 \leqslant t \leqslant t_f$ $W = W_f, t > t_f$
Kouchi	$W = W_0 + bt^c$
Monomolecular/ Mitscherlich	$W = W_f - (W_f - W_0)e^{-kt}$ $W = W_f(1 - e^{-kt}), \text{if } W_0 = 0$
Brody	$W = W_0 e^{k_1 t}, 0 \leqslant t \leqslant t^*$ $W = W_f - (W_f - W^*)e^{-k_2(t-t^*)}, t \geqslant t^*$
Wan's generalized monomolecular	$W = W_f - \frac{1}{\frac{b}{W_f} + \left(\frac{1}{W_f - W_0} - \frac{b}{W_f}\right)\exp(kt)}$
Exponential quadratic	$W = W_0 \exp\left[k\left(t - \frac{at^2}{2}\right)\right]$
Gaussian	$W = W_0 + (W_f - W_0)(1 - e^{-kt^2})$
Exponential polynomials	$W = W_0 \exp(a_1 t + a_2 t^2 + a_3 t^3 + \cdots + a_n t^n), W = 0, t < T$
France	$W = W_f - (W_f - W_0)\exp[-k(t-T) + 2c(\sqrt{t} - \sqrt{T})], t \geqslant T$
Peal-Reed	$W = \frac{W_f}{1 + be^{-(k_1 t + k_2 t^2 + k_3 t^3)}}$
Logistic/Verhulst/ Robertson	$W = \frac{W_0 W_f e^{kt}}{W_f - W_0 + W_0 e^{kt}}, W = \frac{W_f}{1 + e^{-k(t-t^*)}},$ $W = \frac{W_0 W_f}{W_0 + (W_f - W_0)e^{-kt}}$

续表 2-1

Equation	Functional form
Gompertz	$W=W_0\exp\left[\frac{a}{k}(1-e^{-kt})\right]$, $W=W_f\exp[-e^{-k(t-t^*)}]$, $W=W_f\exp\left[-\frac{a}{k}e^{-kt}\right]$
Jolicoeur's generalized Gompertz	$W=W_0+(W_f-W_0)\exp\left[-b\exp\left(\frac{1}{k_1 t}+k_2 t\right)\right]$
Sloboda	$W=W_f\exp[-b\exp(-kt^c)]$
Chanter	$W=\frac{W_0 B}{W_0+(B-W_0)\exp\left[-\frac{a}{k}(1-e^{-kt})\right]}$ where $B=\frac{W_f W_0(e^{a/k-1})}{W_0 e^{a/k}-W_f}$
Von Bertalanffy	$W=[W_f^n-(W_f^n-W_0^n)e^{-kt}]^{1/n}$, $W=W_f[1-ne^{-kt(t-t^*)}]^{1/n}$
Special case of Von Bertalanffy	$W=[W_f^{1/3}-(W_f^{1/3}-W_0^{1/3})e^{-kt}]^3$
Modified Von Bertalanffy	$W=W_0+(W_f-W_0)(1-e^{-kt})^{1/n}$
Richards/Chapman	$W=\frac{W_0 W_f}{[W_0^n+(W_f^n-W_0^n)e^{-kt}]^{1/n}}$, $W=\frac{W_f}{[1+ne^{-k(t-t^*)}]^{1/n}}$
Schnute and Richards	$W=\frac{W_f}{[1+be^{-ktp}]^{1/n}}$
Turner's generic growth function	$W=\frac{W_f}{\{1+[1+b_n p(t-t^*)]^{-1/p}\}^{1/n}}$
Turner's hyperlogistic	$W=\frac{W_f}{1+[1+bp(t-t^*)]^{-1/p}}$
Turner's hyper Gompertz	$W=W_f\exp\{-[bp(t-t^*)]^{-1/p}\}$
Schumacher	$W=W_0\,\mathrm{epx}\left[\frac{kt_0^2}{t+t_0}\right]$, $W=W_0\,\mathrm{epx}\left[\frac{t}{t+t_0}\ln\left(\frac{W_f}{W_0}\right)\right]$
Schumacher/Johnson	$W=W_f\,\mathrm{epx}\left[-\frac{kt_0^2}{t-t_0}\right]$, $W=W_f\,\mathrm{epx}\left[-\frac{2t^*}{t}\right]$
Schumacher	$W=W_0+(W_f-W_0)\exp\left[\frac{1}{kt}\right]$
Korf/Lundqvist-Matern	$W=W_f\exp(-kt^{-c})$
Michaelis-Menten(rectangular hyperbola)	$W=\frac{W_0 K+W_t t}{K+t}$
Hill/Morgan-Mercer-Flodin/López	$W=\frac{W_0 K^n+W_f t^n}{K^n+t^n}$

2.2 猪营养需要预测

猪对营养物质的需求很大，且通常不同阶段对营养物质的需求不同。生猪通过对蛋白质、脂肪、碳水化合物、维生素和矿物质等营养物质的摄入来实现生长、免疫、生产等生理过程。明确生猪对营养物质需求不仅可以使饲料利用效率最大化，而且便于给动物提供最合适水平的饲粮，实现猪的精准需要和饲粮精准供给的统一。

早在20世纪，陈宏权，蒋模有(1989)就通过一系列的数学参数来模拟预测生长肥育猪能量与蛋白质需求，在肉猪能量和蛋白质需要的研究中消化代谢试验是必需做的。将摄入的营养进行多项分割的方法逐一估测，可以大大减少其他因素的干扰。顾宪红，杨红军(2009)首次套用NRC(1998)的部分预测模型，计算了小型猪维持水平下以及生长猪(0.4～6 kg、6～20 kg、20～40 kg、40～60 kg)，妊娠母猪、泌乳母猪和种公猪氨基酸以及矿物质和维生素的需要量。体重与日增重、体重与无脂瘦肉生长指数之间也可拟合回归方程，刘玉兰(2000)，张立钢(2000)分别独立进行了利用体重与无脂瘦肉生长指数建立回归方程以及无脂瘦肉的蛋白质体内沉积系数和蛋白质沉积的赖氨酸需要关系的研究，建立了20～100 kg生长肥育猪的赖氨需要量的数学模型，利用此数学模型预测了不同体重的生长肥育猪氨基酸的需要量。杨立彬等(2003)进行了生长肥育猪无脂瘦肉生长率和赖氨酸需要量模型的研究，以

$$\text{每日真可消化赖氨酸需求量}(g/d)=0.036BW^{0.75}+0.12[b_0+b_1(BW)+b_2(BW)^2+b_3(BW)^3]/2.55$$

来预测赖氨酸的需求量，该模型对真可消化赖氨酸需要量的预测值与生产实际相近，其他的氨基酸含量可以通过理想蛋白质模型得到(杨立彬，李德发，2003)。

2.3 饲料有效能值

能量是饲料的重要组成部分，饲料能量浓度起着决定动物采食量的重要作用，动物的营养需要或营养供给均可以能量为基础表示。饲料中的能量不能完全被动物利用，其中，可被动物利用的能量称为有效能。饲料中的有效能含量即反映了饲料能量的营养价值，简称为能值。

动物所需要的能量主要来自饲料中的三大营养物质：碳水化合物、脂肪和蛋白质。饲料经完全燃烧氧化所释放的能量称为总能(GE)，饲料被动物摄入体内后，并不能完全被动物利用，其中的能量除一部分随粪便排出体外，还有一部分代谢后随尿液和气体等损失掉，因此饲料总能并不能说明能被动物利用的程度，只是评定饲料代谢过程中其他有效能值的基础(计成，2008)，因此可以从消化能、代谢能和净能三方面进行饲料有效能值的衡量(刘洁等，2012)。

有效能是饲料评价中既重要又难以直接测定的一个指标，最准确的测定方法是直接进行动物试验，但在实际操作中，动物试验不仅费时费力，也不可能对所有的饲料进行测定。因此，

各国的能量评价体系大都采用一定的模型构建方式，对饲料的有效能值进行预测。通过建立数学模型，测定饲料的常规营养成分和简单的体外试验，预测饲料能量在动物体内的利用情况，进而对饲料的营养价值进行评定，这对饲料数据库的完善和饲料资源的高效利用具有重要意义。

2.3.1　通过饲料化学成分预测有效能值

从 20 世纪 30 年代开始，就有学者提出使用数理统计原理，采用化学成分估测饲料有效能值(Axelsson,1939)。Van Soest 和 Wine(1967)提出的中性洗涤纤维(NDF)、酸性洗涤纤维(ADF)结合其他营养成分的分析方法弥补了 Wender 的粗纤维(CF)分析方法的缺陷后，很多研究者将饲料的纤维成分作为预测有效能值的重要指标。但是这些公式只适用于配合型饲料，而不适用于单一饲料原料。近年来，Sauvant 等(2004)在法国饲料成分表中提供不分饲料类型的有效能值计算模型；而 Kim 等(2005)、Wan 等(2009)、Huang 等(2012,2014)通过大量试验数据构建了基于一种或一类饲料的有效能值预测方程。大豆类和玉米类均有预测准确率较高的模型，我们根据 R^2 和 P 值两个指标来衡量回归方程的有效性和准确度，对单一饲料原料的 DE、ME 和 NE 分别选取了最佳的预测方程。

玉米类：

$DE_{玉米类}=9.16+0.13\times CP+0.17\times EE+0.047\times ST-0.009\times NDF$ ($R^2=0.772\ 3$, $P=0.005\ 7$)

$ME_{玉米类}=9.14+0.10\times CP+0.17\times EE+0.048\times ST-0.008\times NDF$ ($R^2=0.684\ 9$, $P=0.022\ 6$)

$NE_{玉米类}=6.69+0.044\times CP+0.18\times EE+0.051\times ST-0.019\times NDF$ ($R^2=0.822\ 5$, $P=0.002\ 0$)

大豆类：

$DE_{大豆类}=14.99+0.031\times CP+0.13\times EE-0.12\times NDF$ ($R^2=0.926\ 9$, $P=0.000\ 2$)

$ME_{大豆类}=12.81+0.041\times CP+0.15\times EE-0.091\times NDF$ ($R^2=0.920\ 5$, $P=0.001\ 1$)

$NE_{大豆类}=-0.062+0.70\times ME+0.067\times EE+0.057\times ST-0.019\times CP-0.038\times ADF$ ($R^2=1$, $P<0.000\ 1$)

$NE_{大豆类}=-0.088+0.70\times DE+0.067\times EE+0.048\times ST-0.039\times CP-0.038\times ADF$ ($R^2=1$, $P<0.000\ 1$)

通过饲料化学成分预测饲料有效能值具有简便、成本低等优点。但是由化学成分构建的有效能值预测回归方程变异系数通常很大，而且过程涉及繁琐的实验室分析，不能达到快速预测饲料中有效能的目的，所以利用化学成分预测饲料的有效能值在实际应用上具有一定的局限性。

2.3.2　通过近红外光谱法预测有效能值

近年来，由于近红外光谱技术能够快速预测饲料原料中常规成分的含量，人们开始使用近红外光谱法构建饲料有效能值预测模型。近红外模型预测可以实现常规的蛋白质、淀粉和脂肪的高精度预测(石振兴等,2017),从而实现以很高的效率完成饲料原料有效能值预测所需的基础指标,大大加快了能值预测的过程。李鑫,王康宁(2006)对近红外分析预测饲料原料的有效能值的应用进行了总结,采用近红外法辅助预测饲料原料能值的优势在于近红外极高的分析效率,然而由于近红外扫描属于二次分析,其准确度依赖于传统化学分析法的准确度,因此会对准确度带来一定的影响。

参考文献

[1] 陈宏权,蒋模有.生长肥育猪能量,蛋白质需要的估计模型研究[J].安徽农学院学报,1989(3):207-212.

[2] 顾宪红,杨红军.小型猪营养需要量研究[J].中国比较医学杂志,2009,19(2):62-66.

[3] 计成.动物营养学.北京:高等教育出版社,2008.

[4] 李鑫,王康宁.近红外快速预测饲料原料有效能值及其影响因素[J].饲料工业,2006,27(11):26-28.

[5] 刘洁,刁其玉,赵一广,等.肉用绵羊饲料养分消化率和有效能预测模型的研究.畜牧兽医学报,2012,43(8):1230-1238.

[6] 刘玉兰.瘦肉型猪生长和营养需要的预测[D].南京:华南农业大学,2000.

[7] 石振兴,朱莹莹,杨修仕,等.藜麦粉末中主要营养成分近红外预测模型的建立及验证[J].粮食与油脂,2017,30(12):55-57.

[8] 杨立彬,李德发,谯仕彦,等.生长肥育猪无脂瘦肉生长率和赖氨酸需要量模型的研究[J].动物营养学报,2003,15(3):59-64.

[9] 杨立彬,李德发.猪生长模型研究进展及建立我国猪营养需要模型的可行性分析[C].全国猪营养学术研讨会,2003.

[10] 张立钢.猪生长的营养仿真模型的建立[D].沈阳:东北农业大学,2000.

[11] 周晓容,刘作华,杨飞云,等.杜×长×大生长育肥猪体蛋白沉积模型及氨基酸需要量预测的研究[J].中国饲料,2005(12):11-14.

[12] Axelsson J. The general nutritive value(energy value) of poultry feed[C]. Proc. 7th World's Poult. Congr. and Exposition, 1939.

[13] Huang Q, Shi C X, Su Y B, et al. Prediction of the digestible and metabolizable energy content of wheat milling by-products for growing pigs from chemical composition[J]. Animal Feed Science & Technology, 2014,196(5):107-116.

[14] Huang Q, Piao X S, Ren P, et al. Prediction of digestible and metabolizable energy content and standardized ileal amino acid digestibility in wheat shorts and red dog for growing pigs[J]. Asian-Australasian Journal of Animal Sciences, 2012,25(12):1748-58.

[15] Kim J C, Simmins P H, Mullan B P, et al. The digestible energy value of wheat for pigs, with special reference to the post-weaned animal [Review][J]. Animal Feed Science & Technology, 2005,122(3):257-287.

[16] Sauvant D, Perez J M, Tran G, et al. Tables of composition and nutritional value

of feed materials: pigs, poultry, cattle, sheep, goats, rabbits, horses and fish [M]. Mtt Agrifood Research Finland Animal Product, Wageningen Academic Publishers,2004.

[17] Schinckel A P, de Lange C F. Characterization of growth parameters needed as inputs for pig growth models[J]. Journal of Animal Science, 1996, 74(8):2021.

[18] Van Soest P J, Wine R N. Use of detergents in analysis of fibrous feeds. IV. Determinations of plant cell-wall constituents[J],1967.

[19] Wan H F, Chen W, Qi Z L, et al. Prediction of true metabolizable energy from chemical composition of wheat milling by-products for ducks[J]. Poultry Science, 2009,88(1):92.

第3章 猪舍环境精准控制

本章内容提要

猪舍温度、湿度、硫化氢、氨气等不仅与猪的健康有关，而且影响猪的生长、生产。随着物联网技术的不断普及，猪舍环境控制智能化已经成为近6年来生猪智能养殖的重要内容。该项新技术的广泛应用给猪场带来极大方便的同时，也给猪场生产中的设备维护使用带来巨大挑战。本章重点介绍了该类智能环境监测设备的基本原理与应用方法，目的是为其在猪场中的利用与维护提供思路。

环境不仅影响猪的健康，而且还是决定猪能量营养的重要因素。随着信息化技术的不断深入，物联网技术的广泛应用，利用物联网智能系统改善养猪环境，已经成为21世界规模猪场的基本配置，是改革开放以来生猪养殖的重大事件。

3.1 环境卫生

物联网技术在猪舍环境控制中的广泛应用，为生猪精准饲养提供了可能，奠定了基础，为推动中国生态养猪提供了条件。本节重点介绍与生猪精准饲养、猪群健康相关的环境因子的技术研究与应用进展，以便助力中国精准养猪技术的发展。

40年来，中国养猪经历着传统开放猪舍、半封闭猪舍与联体全(半)封闭猪舍的演变历程。随着猪场规模化、专业化的深入推进，半封闭、全封闭猪舍的广泛使用，猪舍环境卫生将成为制约猪场发展的关键问题。

猪舍环境卫生内容十分广泛，包括环境的温湿度、空气质量、微生物等。当前猪舍环境卫生尚处于温湿度与空气质量控制阶段。

3.1.1　温度

有句话说得好，谁把握了猪舍温度，谁就把握了猪群。它表明温度对猪的重要性。温度的重要性还体现在温度是其他环境因素的根源，湿度与温度有关，空气质量与温度有关，密度与温度有关。

对猪而言，有一个最佳温度区即舒适区。给猪提供的温度在舒适区，猪不但保持健康，而且生产性能较高。猪可以接受的温度区是稍冷的凉爽区和稍热的温暖区。过冷、过热都会严重影响猪的健康与生产，严重的猪会被冻死或热死。不同阶段猪的舒适区不同，小猪怕冷，大猪怕热。除哺乳仔猪外，绝大多数体重猪都适用于用公式 $T=-0.06W+26$（式中 W 指猪的体重，单位：kg）计算适宜温度，如体重 20 kg 仔猪的适宜温度为 $T=-0.06\times20+26=24.8$℃，体重 100 kg 育肥猪的适宜温度为 $T=-0.06\times100+26=20$℃，体重 200 kg 公猪的适宜温度为：$-0.06\times200+26=14$℃。

仔猪受气温影响最大。最适仔猪生长发育温度是 1～3 d 为 30～35℃，4～7 d 为 28～30℃，8～30 d 为 22～25℃，31～45 d 为 20～22℃。

3.1.2　有害气体

猪舍的有害气体主要包括氨气、硫化氢等。氨气比空气轻、易溶于水、无色易挥发、具有刺激性气味，是含氮有机物（粪尿、垫草、饲料）的分解产物。硫化氢主要是肠道排出的气体，易挥发、无色具有恶臭气味（如臭鸡蛋气味）、易溶于水，比空气重，靠近地面浓度更高。猪采食过量蛋白质饲料或消化机能不良时，体内会产生大量硫化氢气体，经由肠道排出体外。

氨气极易溶附于猪呼吸道黏膜和眼结膜上，使黏膜充血、水肿，引起结膜炎、支气管炎、肺炎、肺水肿。氨气通过肺泡进入血液，低浓度氨气作用于神经系统，可使呼吸中枢和血管中枢兴奋，长期作用于猪，可导致猪的抵抗力下降，发病率和死亡率升高，生产性能下降；高浓度氨气可引起神经中枢麻痹，中毒性肝病和心肌损伤等。母猪舍内氨气浓度要求不高于 15 mg/m^3，其他猪舍内不得超过 20 mg/m^3。

硫化氢易溶附于呼吸道黏膜和眼结膜上，引起呼吸道感染和眼炎。高浓度硫化氢猪舍，猪只怕光，流眼泪，发生结膜炎、角膜溃疡、咽喉灼伤；易引起咳嗽，导致支气管炎、气管炎等病的发生。严重时，引起中毒性肺炎、肺水肿等。长期处于低浓度硫化氢环境中，猪体质变弱，抵抗力下降，增重缓慢。猪舍内硫化氢浓度为 30 mg/m^3 时，猪怕光、丧失食欲、神经质；高于 80 mg/m^3 时，可引起猪呕吐、恶心、腹泻等。

鉴于猪舍温热环境与空气质量对猪的巨大影响，加之近 10 年来美国联体猪舍技术的广泛应用，精准解决猪舍环境卫生成为养猪生产的重大事项。

3.2 数据智能采集技术

3.2.1 温度传感器

温度是影响猪生产的基本环境指标，与猪的采食量、能量需求密切相关，与仔猪的健康、公猪的精子质量有直接关联。

温度传感器的发展大致经历了以下 3 个阶段：①传统分立式温度传感器（含敏感元件），主要进行非电量和电量间转换。传统分立式温度传感器为热电偶传感器，工业测量中应用最广泛，与被测对象直接接触，不受中间介质影响，具有较高精度，测量范围广，可从－50～1 600℃进行连续测量，特殊热电偶如金铁-镍铬，最低可测量到－269℃，钨-铼测量温度最高可达 2 800℃。②模拟集成温度传感器/控制器。模拟集成温度传感器是采用硅半导体集成工艺，又称硅传感器或单片集成温度传感器，20 世纪 80 年代问世，将温度传感器集成在一个芯片上、可完成温度测量及模拟信号输出等功能。模拟集成温度传感器功能单一（仅测量温度）、误差小、价格低、响应速度快、传输距离远、体积小、微功耗等，适合远距离测温，不需要进行非线性校准，外围电路简单。③智能温度传感器。智能温度传感器，亦称数字温度传感器，20 世纪 90 年代中期问世，是微电子技术、计算机技术和自动测试技术（ATE）的结晶。智能温度传感器包含温度传感器、A/D 传感器、信号处理器、存储器（或寄存器）和接口电路；有的产品带多路选择器、中央控制器（CPU）、随机存取存储器（RAM）和只读存储器（ROM）。智能温度传感器能输出温度数据及相关的温度控制量，适配各种微控制器（MCU），且可通过软件实现测试功能，其智能化取决于软件开发水平。温度传感器正从模拟式、数字式、集成化向智能化及网络化方向发展。

温度传感器按传感器与被测介质的接触方式分为接触式温度传感器与非接触式温度传感器。接触式温度传感器测温元件与被测对象要有良好的热接触，通过热传导及对流原理达到热平衡。非接触温度传感器的测温元件与被测对象互不接触，常用通过辐射热交换原理测定。

猪调节体温能力差，对环境温度非常敏感。一般猪适宜温度范围是：公猪 17～21℃，妊娠母猪 18～21℃，泌乳母猪 20～22℃，哺乳仔猪 29～33℃，保育仔猪 22～25℃，生长育肥猪 19～22℃。当猪舍内高温、高湿、空气流通差时，猪群会感到炎热，采食量下降，生长缓慢，繁殖性能下降。母猪摄入能量和营养不足，会导致仔猪营养不良、免疫力下降。当猪舍内低温、高湿、空气流通大时，猪群会感到寒冷，采食量增加，饲料转化率降低，免疫力下降，易患各种疾病，尤其是仔猪身体机能发育不完善，很容易发生疾病或被冻死。猪场选用合理温度传感器，设置合理监控阈值，选用优良硬件设施，配以优秀自动控制算法，温度监控系统可以监测猪舍室内温度与室外温度，主动调节室内温度。

猪场使用的温度测量通常采用间接测量方法，利用一些材料和原件的性能随温度变化的特性，通过测量该性能参数来得到被测温度。用于测量温度特性的材料性能有热膨胀、电阻、热电动势、半导体 PN 结特性、磁导率、介电系数、光学特性、弹性等，其中前 4 种尤为成熟，应用广泛。

畜牧业环境温度控制系统通常以半导体热敏电阻器为材料，其基本原理见图 3-1。

继电器是电子控制开关，是具有隔离功能的自动开关原件，广泛应用于自动检测、自动控制、机电一体化，是重要的控制元件之一。实际使用中给输入回路加入较小电流控制输出回路自动开关。电磁式继电器由线圈和触点(或触点组)两部分组成，继电器线圈用长方框符号、文字符号 K 表示；图中只有一组触点，在长方框一侧画开关符号并标注文字符号 S。如果继电器为常开型电磁式继电器，线圈不通电时两触点断开；通电后两触点 S 闭合。图中负温度系数热敏电阻(如 RRC6 型，经过测试，阻值在 20℃时为 10 kΩ，在 100℃时为 0.6 kΩ)，当运转温度较低，热敏电阻阻值较高，三极管 V_1 截止，继电器 K 不动作；当过负荷、断相或一相通地时，温度急剧上升，热敏电阻阻值急剧减小，到一定值三极管 V 完全导通，继电器 K 动作，使 S 闭合，红灯亮起，从而起到报警保护的作用。

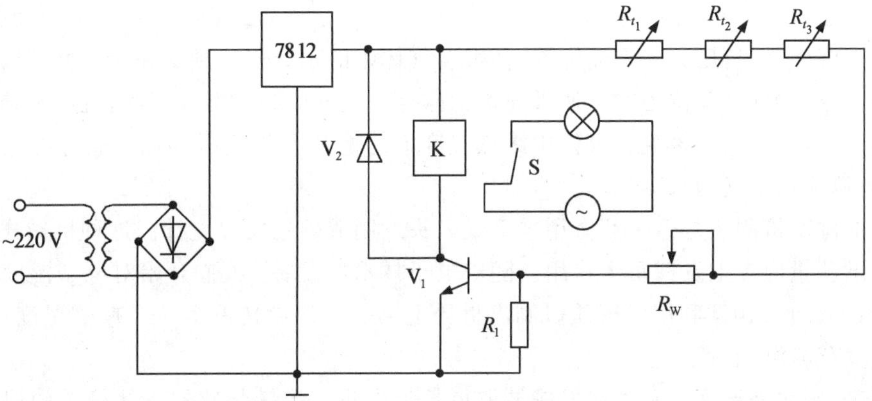

图 3-1　半导体热敏电阻器热保护装置电路原理示意图

3.2.2　湿度传感器

在猪舍环境质量检测系统中加入湿度监测系统可以实时监测猪舍内的湿度，采用多点定时采样技术，将多个湿度传感器分布在猪舍的各个部分，利用采集到的大量湿度数据与温度数据进行融合，对猪舍进行排污除湿、干燥加湿、加温降湿等智能调整，保证猪舍环境的湿度、温度适宜，干净整洁，在保证增产增量的基础上还可以有效避免疾病的发生与传播。

猪舍要求湿敏传感器能满足猪舍所要求的湿度测量范围，且能响应迅速；在猪舍的复杂气体环境(如硫化氢、氨气和较高浓度的二氧化碳)中具有稳定特性；受温度影响较小，能在－30～100℃的环境温度中使用；不受尘埃附着影响；工作可靠，互换性好，使用寿命长；制作简单，价格便宜。

湿敏传感器是猪舍湿度监测与控制的主要测量器件。湿度指空气中含水分的多少，表示方法有绝对湿度、相对湿度、露点温度、比湿度、饱和湿度等。常用空气湿度的表示方法是前 3 种。

①绝对湿度：单位体积(1 m^3)的空气中所含水汽的质量。定义式为：

$$绝对湿度=\frac{m}{V}$$

式中：m 表示待测空气中的水气质量，g；V 表示待测空气的体积，m^3；绝对湿度的单位为 g/m^3。

②相对湿度：待测空气水汽分压与相同温度下饱和水气压的百分比。定义式为：

$$相对湿度=\frac{P_V}{P_W}\times 100\%$$

式中：P_V 表示待测空气的水汽分压；P_W 表示与待测空气同温度时水的饱和水汽压。

也可以定义为气体的绝对湿度 P_a 与同一温度下达到饱和状态的绝对湿度 P_s 的百分比。定义式为：

$$相对湿度=\frac{P_a}{P_s}\times 100\%$$

③露点温度：保持压力一定而降温，使混合气体中的水蒸气达到饱和而开始结露或结霜时的温度称为露点温度（单位为℃），通常简称为露点。空气的相对湿度越高，就容易结霜。混合气体的水蒸气压，就是在该混合气体中露点温度下的饱和水蒸气压，因此，通过测定空气露点温度，就可以测定空气的水蒸气压。

最早的湿度检测法是达·芬奇用羊毛或人头发制成的毛发湿度计。这种机械式湿度检测仪曾在湿度测量历史上发挥重大作用。随着电子技术的发展，人们开始对电子湿度传感器进行研究。1939 年，顿蒙利用电解质研制出世界上第一个湿度传感器——顿蒙湿度传感器，根据电阻值变化检测相对湿度。

近年来，国内外湿度传感器研发领域取得长足进步。湿敏传感器正从简单的湿敏元件向集成化、智能化、多参数检测方向发展，为开发新一代湿度/温度测控系统创造了有利条件，也将湿度测量技术提高到新的水平。常见湿度传感器有电阻式湿敏传感器、陶瓷湿敏传感器、电容式湿敏传感器和电解质式湿敏传感器。这些湿敏传感器都是利用湿敏元件的电气特性（如电阻值、电容值、电解质导电率等）随湿度（物理吸附或者化学吸附至湿敏元件）的变化而变化的原理进行湿度测量的传感器。

图 3-2 所示为陶瓷湿敏传感器湿度监测控制系统原理图。高温环境中湿敏元件使用直流电时，很容易发生电极材料迁移，从而影响传感器正常工作，所以湿敏元件一般不采取直流电压供电，采取振荡器产生的交流电供电。图 3-2 中，R_s 为湿敏元件，R_0 为固定电阻，与传感器电阻 R_s 构成分压电路。交-直流变换器的直流输出信号经过运算单元输出，输出与湿度成比例的电信号，由显示器显示。

猪舍湿度自动控制系统的上位机选用微型通用计算机，它是整个控制系统的重要组成部分，利用良好的用户界面显示传感器采集的温湿度信息，进行一些较复杂的数据运算和存储，并且向单片机发出控制指令。电源模块向各个器件提供电源。单片机（MCU）负责现场高速数据采集。传感器采集的温湿度信号经过开关 I/O 通道和 A/D 通道，配以复位和时钟电路的定时、计数功能，通过串行通信口向上位机传送单片机的工作状态及相关数据，同时从上位机接受指令，向风机、湿帘等设备发出控制命令，使这些设备自动投入或退出运行，从而将温湿度控制在预先设定的范围内，实现上位机对自动控制系统的管理，最终为猪群创造一个舒适的生长环境，达到提高出栏率、增加经济效益的目的。

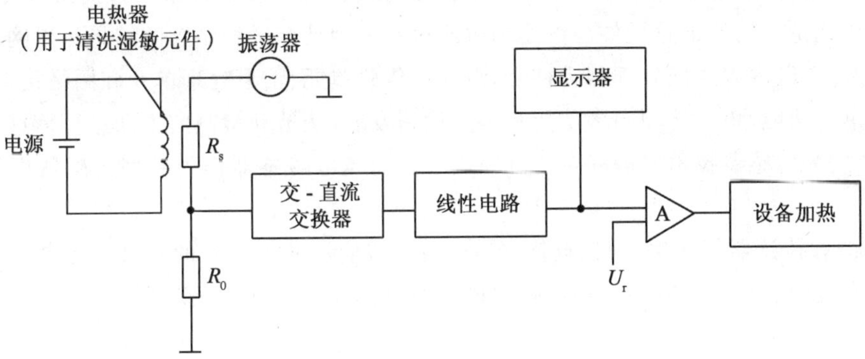

图 3-2　陶瓷湿敏传感器湿度监测控制系统原理示意图

3.2.3　光照监控

光控制是人类文明的标志，从火把到蜡烛到电灯的发明，再到 LED 光源技术为核心的一系列产品，人类对环境光控制已经不局限于人为控制，自动调光技术已应用于各个领域。猪场光照控制不仅可以实现现代养猪能源利用效率的提高，还可以调控猪的繁殖生理机能，提升养殖生产效率和效益。光自动控制技术使用光电传感器，是将被测量的变化换成光亮的变化，再通过光电元件把光亮变化转换成电信号的一种测量装置，转换原理基于物质的光电效应。

光电效应有 3 种：光电效应（又称量子效应）、热电效应（又称热释电效应）和波动相互作用效应。光电效应指通过光子物质中的电子相互作用，直接得到电信号的一种效应。热电效应指光被物质吸收变成热量后，利用热电转换得到电信号的一种效应。波动相互作用效应指光作为一种电磁波，直接与物质相互作用，从而感应出电信号的一种效应。

市场上的光敏传感器一般是基于光电效应传感器，分为外光电效应（外量子效应）和内光电效应（内量子效应）两种。内光电效应又分为光电导效应和光伏特效应。光检测技术发展与其他传感器类似，其发展经历了结构型传感器、物性型传感器和智能型传感器。

结构型传感器是利用物理学场定律（包括电场、磁场、力场等）构成的传感器。其基本原理是以部分结构的位置变化和场的变化反映被测电量的大小及其变化。此类传感器大都采用机电结构和间接信号变换方式。间接信号变换指信号经过两次变换，先将被测信号经过机械式检出元件转换成中间信号，然后再经过敏感元件转换成电信号输出。结构型传感器应用最广，采用的测量原理主要有电磁检测、光电检测等。

物性型传感器是利用物质特性（包括各种物理、化学、生物的效应和现象）构成的传感器。其基本特征与构成传感器敏感材料的特性密切相关。此类传感器采用直接信号变换方式，用一种敏感元件将被测信号直接转变为电信号输出，是发展最快且引人注目的新型传感器。利用物质的化学特性构成的传感器称为化学传感器，利用生物学特性的传感器称为生物传感器。这两种传感器都属于物性型传感器，研制困难但性能优越，发展潜力很大。

智能型传感器是物性型传感器进一步发展的产物。智能型指除具有检测功能外，还具有自补偿、自校正、自调整、自诊断和逻辑操作、程序控制、自动实现计量和检测最优化等功能。这些功能往往是多功能敏感元件与微处理机或单片微型计算机相结合的结果。以网络化智能传感器为例，它以嵌入式微处理器为核心，继承了传感单元、信号处理单元和网络接口单元，使传感器由单一功能、单一检测向多功能和多点检测发展，从被动检测向主动进行信息处理方向发展，已经成为传感器技术发展的主要方向之一。而光电传感器作为新型传感器更是得到了广阔应用。

CCD图像传感器的诞生，为光电传感器的进一步应用开创了新的一页。光电传感器不仅适用于光度监测而且广泛应用于条形码扫描、公猪精子活力检查、行为学分析等。

3.2.4 气体监控

猪场粪便和污水的随意排放造成了极大的环境污染，产生氨气、硫化氢等恶臭气体，严重影响猪的健康。我国国家标准《规模猪场环境参数及环境管理》GB/T 17824.3—2008规定保育猪舍、哺乳猪舍的氨气含量不超过20 mg/m³，硫化氢含量不超过8 mg/m³，二氧化碳含量不超过1 300 mg/m³；其他阶段要求猪舍氨气含量不超过25 mg/m³，硫化氢含量不超过10 mg/m³，二氧化碳含量不超过1 500 mg/m³。

3.2.4.1 猪舍内的有害气体及其控制

1.猪舍内的有害气体

养殖环境是影响生猪生产的关键因素之一，猪舍氨气、硫化氢等有害气体和二氧化碳和氧化氮等温室气体，通过影响猪的健康生长、诱发各种疾病、降低料重比等，给生猪养殖业带来巨大的经济损失。

猪舍内硫化氢主要来自含有硫的有机物分解，如粪便、饲料、垫草等。硫化氢是一种无色、易挥发、有臭鸡蛋气味的有害气体，难闻，即使有少量的硫化氢也会产生恶臭。当猪舍内硫化氢浓度在70～150 mg/m³时，会造成人轻度中毒；在300～600 mg/m³时，会造成人中度中毒；而当硫化氢浓度在700 mg/m³以上时，则会引起人重度中毒而导致死亡。保育舍中硫化氢含量最高，对保育猪的危害较大。

氨气是一种有毒、无色、易挥发、易溶于水、有强烈刺激性气味的气体，主要来源于猪的粪便、尿液和地面上浪费的饲料中有机氮发酵分解，氨气进入呼吸道可引起咳嗽、气管炎等疾病。氨气对猪只机能影响较大，据研究，猪舍中氨气浓度一般应该不超过8～10 mg/m³。当猪舍内氨气含量为38 mg/m³时，对猪只增重产生明显不良影响；当达到70～110 mg/m³时，容易引起猪只打喷嚏、中毒性肝病和心肌损伤等疾病。猪不同生长阶段有害气体排放量不同。育肥猪饲养期间的氨气排放通量为每头107.18～424.42 mg/m³，通过对有害气体的测定以及算法分析，为有害气体测定的精确性提供了算法依据。

猪舍内的二氧化碳、氧化氮以及一氧化碳等，为无色无味气体。二氧化碳主要来源于猪的正常呼吸，二氧化碳含量过高，氧气含量则会相对不足，影响猪只的正常生长。一氧化碳过多会影响呼吸、循环以及神经系统。猪舍中的一氧化碳浓度一般不会超过15 mg/m³。

2.猪舍内有害气体的控制

猪舍内有害气体的控制通常从猪舍选址、日常管理、饲养密度、通风、粪便处理、饲料优化等方面进行控制。常见的精准控制措施有以下方面。

(1)通风控制。猪舍通风换气不但使猪只感到舒适,而且会改善舍内空气质量。猪舍通风方式有屋顶通风、横向通风以及纵向通风 3 种方式。通风可以排除有害气体,也可以使舍内温度降低,引发猪只感冒、咳嗽等,选择合适的通风强度,合理使用通风系统,不仅有利于猪只健康成长,也有利于工作人员更好地工作。

(2)饲养管理。控制有害气体要从饲料着手,减少粪便中氨气的产生量,从而减少空气氨气值。通过优化饲料配方,配制平衡氨基酸的日粮、提高饲料转化率;通过分阶段、公母分群饲养,精准养殖,减少污物排放。

(3)粪便处理。粪便是大部分有害气体的主要来源,科学及时的粪便清除可以有效地减少舍内有害气体的含量。猪舍喷洒 EM 菌液,能极显著地降低有害气体氨和硫化氢的浓度,使猪舍内部空气环境状况得到显著改善。

3.2.4.2　猪舍气体监控设备

现代养猪生产中,以物联网技术为核心,利用传感器技术和智能监管技术,对猪舍气体成分进行监控和自动调节,已经成为近几年来新建猪场的必备设备,猪场改建的重要内容。智能监管系统汇集温湿度、光照、气体等综合环境因素,对数据融合分析处理。

气体传感器是当前比较热门的传感器技术。我国在 20 世纪 50 年代已有相关方面研究,国际上最早的气体传感器始于 20 世纪 20 年代的催化燃烧气体传感器。气体传感器发展的最大推动力是国际上对有毒气体排放和污染物排放的严格立法,以及人们对家庭出现的有害气体污染的关心程度大幅度增强。气体传感器主要有以下几种。

1. 电化学型气体传感器

电化学型气体传感器,可分为原电池式、可控电位电解式、电量式和离子电极式 4 种类型。原电池式气体传感器通过检测电流来检测气体的体积分数。可控电位电解式传感器是通过测量电解时流过的电流来检测气体的体积分数,和原电池式不同的是,需要由外界施加特定电压。电量式气体传感器是通过被测气体与电解质反应产生的电流来检测气体的体积分数。离子电极式气体传感器则是通过测量离子极化电流来检测气体的体积分数。

2. 半导体气体传感器

半导体气体传感器,是采用金属氧化物或金属半导体氧化物材料做成的元件,与气体相互作用时产生表面吸附或反应,引起以载流子运动为特征的电导率或伏安特性或表面电位变化,半导体气体传感器已经成为当前应用最普遍、最具有实用价值的一类气体传感器,根据其气敏机制可以分为电阻式和非电阻式两种。

3. 固体电解质气体传感器

固体电解质气体传感器,是一种以离子导体为电解质的化学电池。固体电解质气体传感器电导率高、灵敏度和选择性好,获得了迅速的发展。

4. 接触燃烧式气体传感器

接触燃烧式气体传感器,可分为直接接触燃烧式和催化接触燃烧式,其工作原理是气敏材料在通电状态下,可燃性气体氧化燃烧或者在催化剂作用下氧化燃烧,电热丝由于燃烧而升温,从而使其电阻值发生变化。该传感器在环境温度下非常稳定,并能对处于爆炸下限的绝大多数可燃性气体进行检测。

5. 光学式气体传感器

光学式气体传感器，主要以红外吸收型气体分析仪为主，由于不同气体的红外吸收峰不同，通过测量和分析红外吸收峰来检测气体。该传感器具有高抗震能力和抗污染能力，与计算机相结合，能连续测试分析气体，具有自动校正、自动运行的功能。

应用广泛的是可燃性气体气敏元件传感器，各类报警器已经广泛应用于家庭、集体住宅、饭店、医院、学校、工厂等场所。现阶段的气体传感器仍有灵敏度不足、抗干扰性差以及稳定性不佳等缺点。

城市煤气报警器气敏元件广泛使用氧化锡，对甲烷类碳氢化合物灵敏度非常高，常见的是厚膜混合电路气体传感器和单片微处理机构成。这种报警器把对甲烷最敏感的氧化锡厚膜、对一氧化碳最敏感的氧化钨厚膜和对酒精敏感的镍酸镧厚膜集成在同一块三氧化二铝(Al_2O_3)陶瓷基片上(图 3-3)，经过单片微处理机对信号进行处理，分别对甲烷、一氧化碳、酒精等发出报警信号。

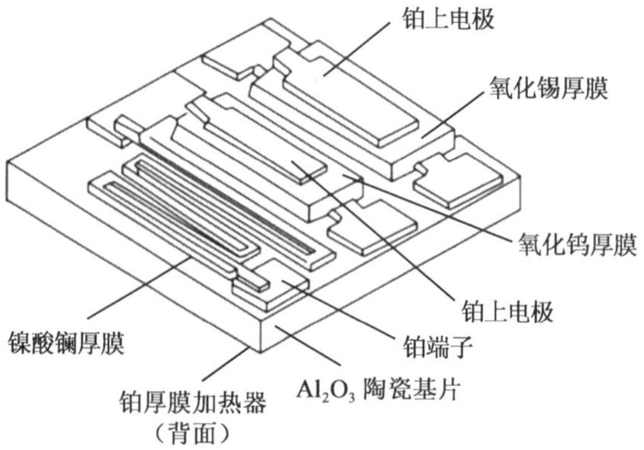

图 3-3　厚膜混合电路气体传感器的结构

引自：周继明，江世明.《传感技术与应用》. 第 2 版. 2009.

3.3　猪舍环境控制系统

猪舍环境控制系统由环境数据采集器、数据传输、环境控制平台与环境控制设备 4 部分组成(图 3-4)。数据采集历经人工、传感器 2 个阶段，数据传输经历了人工、有线、无线 3 种方式，

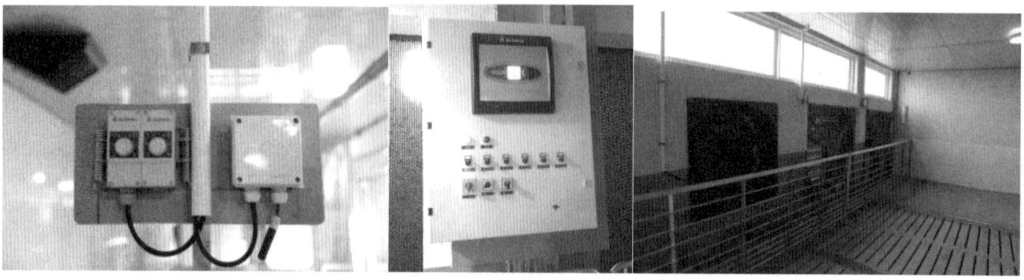

图 3-4　猪舍环境数据采集器(左)、环境控制平台(中)与环境控制设备(右)

环境控制平台经历了电子控制器、微电脑控制器、软件控制平台 3 个阶段。环境控制设备包括加热与降温 2 类，主要实施通风调节。

当前猪舍环境控制系统（图 3-5）主要运用自动化及信息化技术，实现猪场环境卫生参数

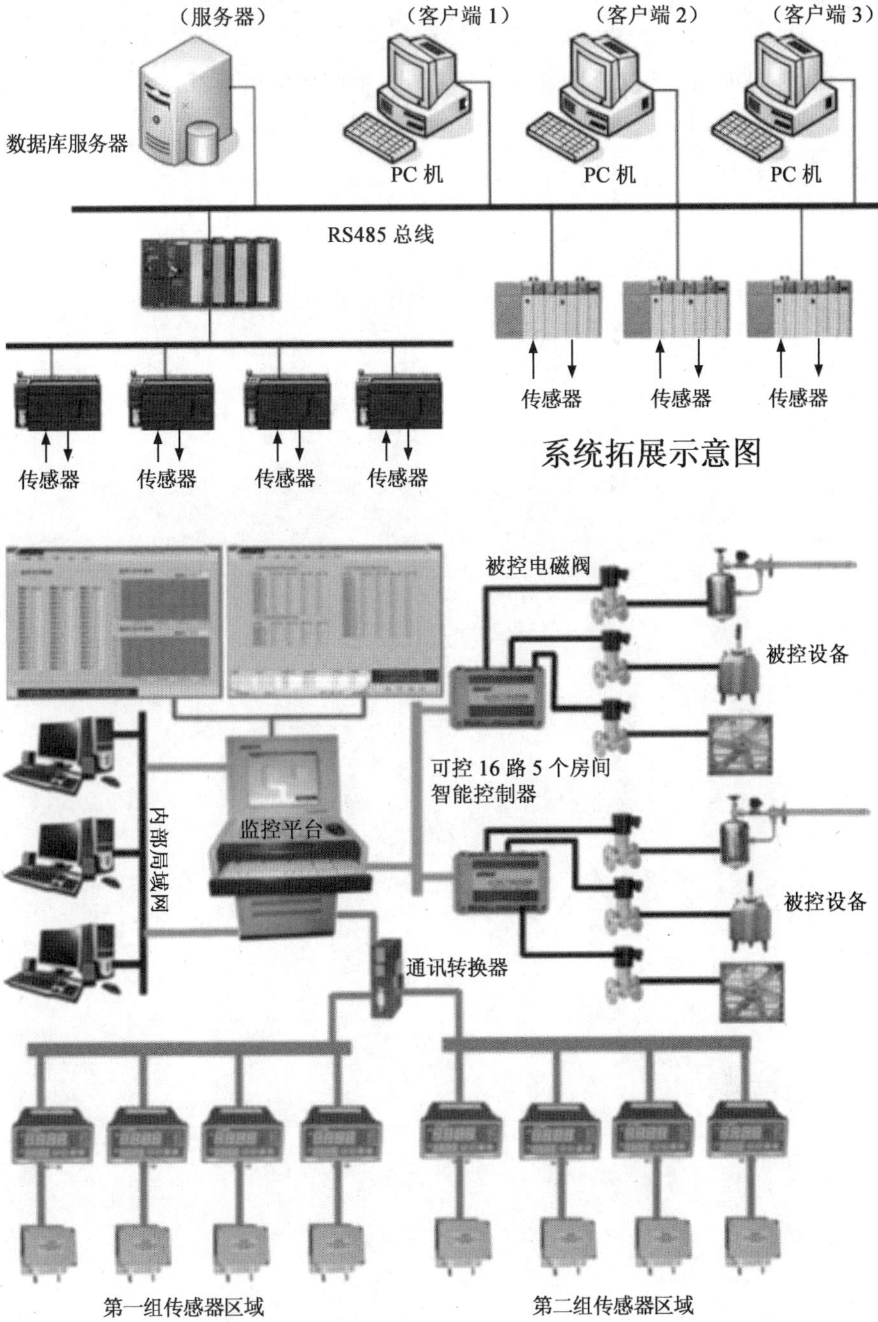

图 3-5　猪场环境控制系统

（图片来源：北京盛世宏博科技有限公司）

的自动监控，包括：自动水帘降温系统、恒温热风系统及信息化管理系统，实现养猪场猪舍自动温湿度与空气质量的调节，采取双绞线或GPS实现数据传输。

参考文献

[1]周继明，江世明.传感技术与应用[M].广州：中南大学出版社，2009.

第 4 章
猪病精准控制

本章内容提要

猪病是长期以来困扰猪业发展的一大问题，猪病控制最佳方法是疾病清除，有效途径是免疫，而免疫的基础是猪体的抗体水平。长期以来，经验主义的免疫制度一直未能彻底解决猪场的疾病问题，精准免疫是解决猪病问题的根本途径。通过抗体水平建立免疫制度是科学免疫的基本遵循。本章回顾了我国抗体检测与疾病强制免疫的历程，系统阐述了抗体检测与免疫制度的相关知识。

疫病始终是制约生猪发展的重要因素，精准的猪病控制是建立在抗体检测基础上的科学免疫制度。1991 年，部分养殖场开始逐渐实施免疫抗体监测；2009 年，国家启动实施强制免疫计划，免疫抗体监测成为动物防疫部门的一项例行工作。目前，大型规模猪场抗体监测基本成为常态，免疫制度不断精准科学，有力地推进了生猪产业的发展。

4.1 抗体监测

抗体监测是应用血清学方法对动物血清中抗体及抗体水平进行检测、比较和分析，以阐明猪群中疫病存在状态或疫苗的免疫效果及其影响因素，并采取相应的措施。根据抗体监测目的不同可分为疫病抗体监测和免疫抗体监测。抗体监测是掌握猪群疫情动态、检验生猪免疫效果的最有效方法。通过抗体监测，可加强猪群疫情风险分析评估，科学判断生猪疫病防控形势，为疫病防控决策提供科学依据；可对疫病诊断、免疫程序是否合理等提供科学参数，为防控决策提供正确依据。同时，对免疫抗体监测不合格的猪群，可进一步查找问题产生原因，总结经验，为有效开展猪疫病防控提供依据。因此，猪群抗体监测在猪病防控中具有极其重要的地位。

4.1.1 抗体监测的方法

抗体监测应按照预先制订的抗体监测方案，采集猪的血液，分离血清，利用成熟、便捷、科学的检测技术对血清中的抗体效价进行检测。根据监测目的和检验项目不同，可采用相应的检测方法。

4.1.1.1 制订监测项目

猪场常规的监测项目包括口蹄疫抗体、猪瘟抗体、蓝耳病抗体、伪狂犬病抗体、圆环病抗体。

4.1.1.2 检测方法

抗体检测方法种类很多，主要有病毒中和试验(SN)、间接血凝试验(IHA)、酶联免疫吸附试验(ELISA)和抗体金标试纸条快速检测卡等，在生产实际中，应选择敏感性高、特异性强、重复性好、安全、简便、经济，适于检测大量样品，适于基层人员操作的方法。在养猪生产中常用的检测方法有以下2种，具体操作方法和结果判定参照相应试剂盒说明。

1. 酶联免疫吸附试验(ELISA)

基本原理是将酶标记的抗体或抗体与吸附在固相载体上的抗原发生特异性结合，酶作用于底物出现颜色反应，颜色的深浅与样品中抗体的含量成正比。ELISA具有迅速、灵敏性高、特异性好等特性，是国际认可的检测方法，适合于对血清样品的大批量检测。

2. 抗体金标试纸条快速检测卡

在单克隆抗体基础上建立的一种固相标记免疫测定技术。其检测原理是，以微孔滤膜为载体，包被已知抗原，加入待检样品后，经滤膜的毛细管作用，样品中的抗体与胶体金结合的抗原相结合，再通过与膜上包被的抗原结合显色而达到检测目的。该方法具有操作简便、准确、快速和易于判定等特点，不需要任何仪器设备及复杂的样品处理，更适用于基层兽医站和养殖场，尤其适用动物疫病的早期诊断。

4.1.1.3 检测数量

1. 疫病抗体监测

某种疫病抗体检测一般采样数量为猪场猪群的10%，或每个猪场至少采集20头份。发病抗体检测一般采样数量为发病猪的5%，至少采集10头份。

2. 免疫抗体监测

采集的样品数量要满足监测的需要，且具有代表性。一般采样数量为猪场猪群的5%，每个阶段每个猪场至少采集20头份。

4.1.1.4 检测时间

1. 疫病抗体监测

疑似感染某种未进行疫苗免疫的病原体时，猪发病前或发病初期和康复期进行疫病抗体检测。

2. 免疫抗体监测

一般选择在疫苗接种后，抗体水平达到高峰时进行，通常活疫苗免疫后2周，油乳剂灭活苗免疫后3～4周。

4.1.2　抗体监测的作用

4.1.2.1　疫病抗体监测的作用

1.疫病流行情况调查

在未经疫苗免疫的猪血清中检测出某种感染性病原体抗体存在，意味着该猪群已经感染了这种病原体。通过检测猪群血清中的各种抗体，可知各种传染性疾病的流行情况。特别对某些以隐性感染为主的疾病，如流行性乙型脑炎、猪细小病毒感染等，血清抗体监测具有重要意义。

2.疫病病因研究

在某些传染病发生时，通过对发病前或发病初期的血清抗体与康复期的血清抗体进行检测、比较，如果康复期血清抗体滴度升高 4 倍以上，即可确定病因；也可以采用一定数量的同群健康猪的血清进行检测，对发病猪和健康猪的血清抗体水平进行差异比较，再结合临床症状和流行病学做出初步诊断。

4.1.2.2　免疫抗体监测的作用

1.疫苗质量的评价

疫苗免疫接种可使猪血清对某种病原体产生相应抗体，因此，在免疫前和免疫后 2～3 周对免疫猪采血进行抗体检测，通过抗体水平检测结果比较，可正确评价疫苗免疫效果。同时，通过每隔 2～4 周一次的抗体监测，可以确定免疫有效保护持续时间，从而客观、合理地评价疫苗质量。高质量的疫苗应该是免疫后产生的抗体水平高、持续时间长。

2.评估免疫程序

猪一生要接种多种疫苗，由于各种传染病的易感日龄不同，且各种疫苗间又存在相互干扰作用，每一种疫苗接种后其抗体消长规律又不同，这就需要养殖场制订出适合本场情况的免疫程序。免疫程序受母源抗体和残余抗体、免疫时间、免疫方式、疫苗种类、免疫次数和当地疫病流行情况等因素影响，必须根据免疫抗体监测结果，选择达到合格的最低抗体滴度的时间作为疫苗的免疫时机，确保免疫的成功率。因此，在免疫接种时，通过免疫抗体监测，可评估免疫程序是否合理。

3.评价免疫质量

免疫猪群群体抗体合格率、抗体滴度均匀度、抗体维持时间是免疫质量考核的重要指标，通过免疫抗体监测可评估免疫质量。在应用免疫抗体监测评估免疫质量时应注意：一要注重在大面积集中免疫结束后及时进行免疫抗体检测，评估免疫猪群群体免疫合格率；二要注重每月定期检测，对群体抗体动态变化、维持时间进行评估分析；三要注重检测样品的质量，抽样应有代表性，可以采取随机抽样和有代表性、有重点抽样相结合，对一定数量的免疫猪血清进行检测；四要注重对检测结果进行分析评估，及时通知检测区域养猪场(户)，对免疫合格率不达标的，要调查分析原因，及时采取补免措施。

4.2　疫病免疫

为了保护养猪者利益，保证畜产品质量安全，防止生猪疫病发生，必须做好生猪防疫工作，其中生猪免疫制度是疫病防疫措施的最有效手段。免疫制度包括免疫程序和免疫组织两个主要内容。免疫程序是指根据当地猪群疫情流行情况、猪机体免疫状况以及现有疫苗性能，选用适当疫苗，在适当时间给猪进行免疫接种，使猪机体获得稳定免疫力，以预防疫病发生。由于不同地域猪群疫病的流行情况、饲养方式和规模、环境污染情况、疫苗使用种类等不同，在生产实践中，不可能制订一个固定的、一成不变而又广泛适用的免疫程序。因此，各地区和规模养猪场(户)必须根据当地猪病种类、疫病流行情况及严重程度、饲养管理方式、季节因素、抗体水平(母源抗体水平或上次接种后存余抗体水平)、猪群的免疫应答能力、疫苗的种类和特性、免疫接种方法和剂量、疫苗间干扰情况、免疫效果、猪群健康状况及生产能力等综合因素制订科学、合理的免疫程序。其内容包括疫苗种类选择、免疫接种途径、首免时间、免疫次数、间隔时间和免疫剂量等。免疫组织是为保障免疫程序的有效实施而采取的组织形式，包括组织领导、防疫机构、防疫人员、防疫经费等。

4.2.1 动物免疫史

动物免疫经历了从一种到多种、从单一疫苗免疫到多种疫苗免疫、从自由免疫到强制性免疫的过程。

动物免疫始于20世纪50年代。当时的免疫对象主要是猪和牛，免疫病种为猪瘟、牛炭疽；采取以县为单位组织“防疫队”、乡村社三级干部带队的方式分片集中到户免疫。五六十年代参加畜牧兽医站工作的人员和自愿从事畜牧兽医工作、并经临时短期培训的其他人员均是“县防疫队”的组成人员，“县防疫队”队长、分队长均由县畜牧干部担任。

从20世纪70年代起，随着饲养动物种类增多和数量增加、动物疫病病种增多，先后又陆续增加了免疫对象和免疫病种，增加了猪肺疫、猪丹毒、仔猪副伤寒、牛出败、口蹄疫、鸡新城疫。《中华人民共和国家畜家禽防疫条例》(1985)和《中华人民共和国动物防疫法》(1997)颁布实施后，动物免疫对象继续增加，免疫病种进一步增多，免疫时间要求更加严格，技术操作也更加规范，动物免疫不再是畜牧兽医站及其工作人员的单方面行为，而是养殖者和畜牧兽医人员共同的法定义务，免疫工作的属性也由养殖者的个人自愿行为变为强制性的法律行为。动物免疫病种也因此分为“强制性免疫”和“非强制性免疫”两大类，从而使动物免疫开始步入法制化管理的轨道。

进入21世纪后，养殖者对动物免疫的认同度普遍提高、接受能力普遍增强，动物免疫工作真正步入了法制化管理的轨道，“依法兴牧、依法治疫”和“政府保密度、业务部门保质量”的要求逐步得以实现，动物免疫工作也不再是畜牧兽医站的“第一难事”，而成为政府、养殖者、畜牧兽医站三方共同的社会公益性行为。

4.2.2 免疫制度

由于时代、地域、生猪饲养数量和规模、管理方式等不同，猪的免疫制度亦不一致，但总体发展趋势是：不断完善免疫制度，提高免疫密度和质量，有效遏制动物疫病的发生。

4.2.2.1 春秋集中免疫

即春季和秋季各开展一次猪的集中免疫(也称春季或秋季动物疫病综合防控行动)。20世纪80年代前，春季免疫和秋季免疫主要针对所有饲养动物集中开展，即既包括农村分散养殖户饲养的动物，也包括规模养殖场饲养的动物。

1. 散养户免疫

有乡村兽医（原称“赤脚兽医”“村兽防员”）的村（居民区、社区）由镇（街）政府支付或补助误工报酬，村（居民区、社区）干部组织带队、畜牧兽医站人员（驻片驻村人员，现称为“驻片兽医”）指导监督实施免疫；无乡村兽医的村社，由村（居民区、社区）干部组织带队、畜牧兽医站组织人员代行实施集中免疫，或由政府支付误工报酬，聘请其他村社的乡村兽医实施免疫；部分地方以镇（街）为单位，采取统一集中组织乡村兽医，分片分村（居民区、社区）到户上门实施免疫，并由畜牧兽医站检查考核验收后，由镇（街）政府按照免疫密度和质量支付乡村兽医的误工报酬。免疫的对象主要有猪瘟、猪肺疫、猪丹毒、仔猪副伤寒等。畜牧兽医站人员或乡村兽医在对散养户畜禽实施免疫的同时，加施畜禽免疫标识。

2. 规模养殖场免疫

20 世纪 80 年代前，多数规模养殖场饲养动物的免疫由畜牧兽医站人员代行实施。

4.2.2.2　春季普免

20 世纪 80 年代后，散养户饲养动物实行每年春季一次全面免疫，此后，每月补免 1 次。免疫的对象主要有猪瘟、猪肺疫、猪丹毒、仔猪副伤寒等。由畜牧兽医站人员或乡村兽医在实施免疫，同时加施免疫标识。

4.2.2.3　程序化免疫

20 世纪 80 年代后，规模养殖场饲养动物的免疫逐步转变为由业主根据本场情况，结合当地畜牧兽医局和动物卫生监督所的要求，制订适合本场动物免疫方案（程序、计划），经审核备案后，由驻场官方兽医指导监督业主自行实施免疫（或由养殖场业主聘请的执业兽医或乡村兽医实施免疫）、加施畜禽标识、建立养殖档案。

4.2.2.4　申报免疫

从 2006 年开始实行养殖者申报免疫制度。申报免疫主要是针对散养户和规模养殖场实施的一种常年补免疫制度。散养户和规模养殖场在有新生、新引入、超过免疫有效保护期等应免动物时，业（畜）主主动向当地畜牧兽医站申报，并由畜牧兽医站派乡村兽医或驻片兽医进行补免或监督规模养殖场业主免疫的一种动物免疫制度。免疫的对象主要是春秋两季普免结束后需要免疫的动物。一般情况下散养户每 10 d 向乡镇动物防疫站申报 1 次，养殖场每 1 个月申报 1 次。乡镇动物防疫站接到申报后，应及时到养殖户家中或养殖场进行动物免疫接种。

1. 散养户申报的内容

散养户主要是指动物饲养量小，依靠乡村动物防疫工作人员实施动物免疫的养殖户。动物免疫申报内容主要有畜主姓名、畜主住址、畜主联系电话、申报时间、动物种类、动物日龄、动物数量、饲养状况、畜禽健康情况、需要免疫的疫苗名称等。有时还需约定动物防疫员上门实施动物免疫接种的具体日期。

2. 养殖场申报的内容

养殖场申报的内容包括免疫前申报和免疫后申报，养殖场需填写免疫申报表。免疫前申报内容主要有养殖场名称、畜主或法人姓名、场址、饲养品种、饲养规模、年出栏量、防疫方式（自主免疫或乡镇动物防疫站代免）等。要求猪常年存栏 50 头以上，肉牛存栏 20 头以上，羊存栏 30 只以上，蛋禽存笼 500 羽以上，肉鸡或肉鸭存笼 1 000 羽以上的养殖户均按养殖场方式申报。免疫后申报的内容主要有养殖场名称、畜主或法人姓名、场址、饲养品种、现存栏（笼）、累计出栏(笼)、防疫方式、本次免疫数量及疫苗种类等。

4.2.2.5 强制免疫

强制免疫是指国家对严重危害养殖业生产和人体健康的动物疫病,采取制定强制免疫计划,确定免疫用生物制品和免疫程序,以及对免疫效果进行监测等一系列预防控制动物疫病的强制性措施,以达到有计划分步骤地预防、控制、扑灭动物疫病的目的。1997 年《中华人民共和国动物防疫法》颁布实施后确立了强制免疫,作为预防、控制动物疫病的一项重要法律制度。2009 年农业部发布了关于做好重大动物疫病免疫工作的通知,对高致病性猪蓝耳病、口蹄疫、猪瘟等 4 种疫病实施强制免疫。从 2010 年起农业部每年根据去年动物疫病发生情况制定发布当年的动物疫病强制免疫计划,各省市根据国家要求和实际情况制定本省市的动物强制免疫计划。强制免疫所用疫苗由政府采购,实行免费计划供应。2017 年调整了强制免疫政策,对符合条件的养殖场(户)实行"先打后补",逐步实现养殖场自主采购农业部批准使用的强制免疫疫苗,免疫合格后可申请财政直补。实施"规模养殖场程序化免疫,散养户春秋集中免疫与月月补免"。

1. 规模养殖场程序化免疫

存栏猪 100 头以上的养殖场,根据重大动物疫病强制免疫计划实施方案推荐的参考免疫程序,结合本场动物疫病监测情况和免疫效果监测结果,科学制订本场免疫程序,实施程序化动物免疫。在兽医部门指导下由本场技术人员进行免疫。对免疫动物加挂免疫标识,如实填写免疫档案,免疫情况及时报告所在地乡镇动物防疫站。当地乡镇动物防疫站及时为规模养殖场免费提供重大动物疫病免疫所需疫苗、免疫标识和免疫档案,并对其免疫工作加强监督和指导。

2. 散养户春秋集中免疫与月月补免

存栏猪 100 头以下的散养农户,根据重大动物疫病强制免疫计划实施方案,春、秋两季各进行一次集中全面免疫,每月定期补免。集中免疫期间,统一组织动物防疫员逐村逐户免费上门实施动物免疫,确保应免疫动物重大动物疫病免疫率达 100%。月月补免,实行申报免疫制度,根据申报情况定期进行补免。

4.2.2.6 非强制免疫

在动物养殖过程中,动物疫病发生的种类较多,除国家规定的高致病性猪蓝耳病、口蹄疫、猪瘟等强制免疫疫病外,其他一些常发的动物疫病,如伪狂犬病、细小病毒病、乙型脑炎、病毒性腹泻、链球菌病等非强制免疫疫病,给养殖场(户)造成的经济损失也是十分惊人的。因此,农业部、各省市农业部门要求各级基层畜牧兽医部门做好强制免疫工作的同时,统筹兼顾做好非强制免疫工作。规模养殖场根据重大动物疫病强制免疫计划实施方案推荐的参考免疫程序,结合本场非强制免疫疫病的发生情况,制订科学、合理的适合本场动物免疫程序,由场技术员实施程序化免疫。散养户也可根据当地非强制免疫疫病流行情况,由村级防疫员实施相应的非强制疫病免疫。

4.2.2.7 引进动物加强免疫

为防止外源疫病入侵,对引进动物实施加强免疫。即引进动物在结束隔离观察期且健康无异常时,由乡村兽医或驻片兽医根据畜禽种类和强制性免疫计划的要求,对引进动物实施一次加强免疫,以保证免疫效果和质量,最大限度地阻断外源传入的途径。

4.2.2.8 紧急免疫

紧急免疫是动物疫病发生后进行的应急免疫。当发生动物疫情时，为了迅速控制和扑灭疫病的流行，对疫区和受威胁区尚未发病的易感动物进行应急性免疫接种的一种免疫制度。对迅速控制和扑灭疫情、防止病源扩散、减少养殖者损失具有重要作用。

参考文献

[1] 刘秀梵. 兽医流行病学. 3 版. 北京：中国农业出版社，2012.
[2] 全国人民代表大会常务委员会. 中华人民共和国动物防疫法，2007.

第5章 生猪精准饲养

本章内容提要

受生猪效益的影响，长期以来我国生猪生产粗放、管理落后，精准化饲养程度极低，猪肉安全问题频发。为了彻底扭转生猪行业这一落后局面，提升规模化养殖的水平，农业部2010年启动了“品种良种化、生产设施化、饲养规范化、免疫制度化、粪污无害化”的规模畜禽标准化示范创建活动（王保恒等，2013），极大地推动了生猪精准饲养技术的推广。本章回顾了我国饲养管理的演变历程，系统阐述了标准化示范创建的内容，为猪场精准饲养与管理提供基本思路。

饲养指为猪提供食物与饮水。管理指给猪创造发挥最大生长及生产潜力的环境条件，包括分群、调教、剪齿、断尾、去势等。环境管理即为动物提供适宜的生存环境包括猪舍的温度、湿度、密度、气流、光照、噪声以及舍内有害气体、尘埃等。疫病防控包括消毒、防疫、驱虫等。实现生猪饲养管理标准化已经成为规模猪场的基本管理手段，也是实现生猪精准养殖、智慧养殖的基础，是猪业发展的强大动力。

5.1 饲养管理的演变

养猪业是畜牧生产的重要组成部分。畜牧业起源于原始狩猎活动。远古人群“拘兽以为畜”，现在的家猪就是从野猪经过漫长的拘养、驯化而来的。中国养猪业历史悠久，源远流长，猪种资源众多，养猪经验丰富。中国是最早将野猪驯养为家猪的国家之一。目前我国养猪生产由传统的家庭副业型养猪向规模化、现代化养猪转变，规模不断扩大，集约化程度逐渐提高，圈舍由开放式、半开放式向封闭式转变，饲养管理方式由粗放型向集约型进而向精准型转变，品种的遗传性能和生产性能不断提高。同时，猪对营养、饲料、环境、疾病控制的要求也越来越高，人们对猪肉产品的需求在发生变化，要求达到无公害、绿色食品甚至有机食品标准。纵观我国养猪发展史，是一个由小到大、由弱到强、曲折发展的历史，养猪业取得的成就应归功于四个转变，即养猪业由家庭副业向专门化产业的转变，由小农生产向商品生产的转变，由传统农户散养向规模化、集约化、工厂化饲养的转变，饲养管理手段由粗放型向集约型、精准型转变。

5.1.1　粗放饲养

我国传统养猪生产不用多大设备和投资，属于家庭副业，养猪生产水平、商品率和经济效益都很低，这种养猪生产方式在中国延续了几千年。随着国内外养猪技术的不断发展，粗放型养猪方法的弊端也越来越明显。

5.1.1.1　饲养方法落后，增重慢，饲料利用率低

传统养猪户抱着“零钱汇总钱，养猪为过年”的目的，不愿在养猪上花费太多精力，只是利用泔水、稻糠、青草等饲喂，且饲喂时间不固定，饥一顿、饱一顿。相当农户推崇“稀汤灌大肚”，但是这种饲喂方式猪采食干物质不足，猪得不到全价足量的营养，而且冲淡了消化酶，不利于消化，导致猪生长慢、饲料利用率低。

5.1.1.2　仔猪不能及时断奶和补料

仔猪早期断奶，可缩短母猪产仔间隔，提高母猪年产仔胎数；其次，仔猪早期补料能促进仔猪胃肠机能早日完善，防止下痢，补给母乳中不足的营养成分，提高仔猪的日增重和均匀性，减少仔猪死亡，降低仔猪的培育成本。适宜的补料时间为仔猪 7～10 日龄，适宜的断奶时间为 21～28 日龄。而传统的农家养猪都是 50～60 日龄后才断奶，补料也是与母猪同食，没有根据仔猪的营养需求和消化特点为仔猪提供补料，根本满足不了仔猪的营养需要。

5.1.1.3　混群饲养

一般农户都是一圈一槽饲喂，这样猪群采食时，常出现以大欺小，甚至发生咬斗死亡现象。强者吃得饱长得快，弱者则饥饱无常，极易造成营养不良，甚至会出现僵猪。

5.1.1.4　不重视环境卫生

多数农户利用自家庭院的空闲角落修建圈舍，通风采光条件差，冬不御寒，夏不防暑。猪舍粪尿长期堆积，卫生条件极差，致使猪只体质下降，容易感染乳房炎，仔猪腹泻，疥、虱等疾病，增加了药物成本和死亡损失。

5.1.1.5　寄生虫清除不及时

农村散养，卫生条件差，易滋生体内、外寄生虫，养殖户对寄生虫病（如虱、癞、肺丝虫等）未引起足够重视，致使这些寄生虫不断地吸取猪体养分，影响猪只生长。

5.1.1.6　不重视全面防疫工作

有些农户认为猪不生病就不打针、不吃药，对防疫工作认识不足，对传染病预防不足，更重视治疗，只在发生疫病时才去用药，造成开支加大，得不偿失。

5.1.1.7　不能及时出栏

猪的体重在 30～100 kg 阶段时增重最快，饲料利用率最高，100 kg 以后，猪只的饲料利用率开始下降，脂肪沉积增加。养殖户普遍抱有惜售心理，往往认为猪长得越大越好，迟迟舍不得出栏，导致饲料转化率下降，养殖成本增加。

随着农村经济的日益发展，大批农业劳动力向乡镇和服务行业转移，从事传统家庭养猪的

人明显减少。此外，由于农村物质生活水平不断提高，居住条件普遍改善，一些农户感到人畜同居有碍卫生。于是，原来把养猪作为副业的农户，有的不再养猪，有的减少了饲养量，从而促进了规模经营和工厂化养猪的发展，这既减少了粗放养猪对农村环境的污染，又满足了城乡居民对肉食消费量日益增长的需要。

5.1.2 传统式集约化养殖

集约化的“集”就是指集中，集合人力、物力、财力、管理等生产要素，进行统一配置，集约化的“约”是指在集中、统一配置生产要素的过程中，以节俭、约束、高效为价值取向，从而达到降低成本、高效管理，进而使企业集中核心力量，获得可持续竞争的优势。“集约”是指在同一面积投入较多的生产资料和劳动，用提高单位面积产量的方法来增加产品总量的经营方式。

集约化养殖方式是指采用现代生物学技术和现代工业技术相结合，按照工艺流程的连续性和生产过程的流水性原则，在自动或半自动的系统中高密度养殖，对全过程实行封闭或半封闭管理，对养殖的各个环节实行人工控制，将畜禽作为生产的机器，使饲养场像现代化的工厂一样，源源不断地生产出大量的动物及动物产品。这些集约化动物饲养场(CAFO)强调的是高容量、高产出和高效益，而很少考虑对人类健康、食品安全、环境以及动物福利的影响。依此原理，集约化养殖方式是指对畜禽进行高度集中与密集饲养以达到节省空间、节省面积、节省人工、节省成本的目的，从而提高产出、提高效益的养殖方式。亦即在较小的场地内，投入较多的生产资料和劳动，采用新的工艺与技术措施，进行精心管理的饲养方式。总地说来，集约化养殖方式的特点是大规模、高密度、高效率、高效益。集约化养殖是现代养猪企业提高效率与效益的基本取向。集约化养殖能有效提高生猪的养殖效率，降低生产成本，增加出口创汇和稳定国内市场供应，另外，随着养猪业的发展，集约化养猪比例的不断扩大，一系列问题也随之而来。随着人们理念的变化，对动物健康、食品安全、生态环境以及动物福利的日益重视，以及人们对集约化养猪模式认识与研究的不断深入，对集约化养猪带来的动物健康、食品安全、生态环境以及动物福利问题越来越关心和重视。

5.1.2.1 集约化养猪对动物健康的影响

随着养猪业集约化、规模化、专业化水平的不断提高，动物疫病频发，制约了我国养猪业的健康发展，也给许多养猪户带来了巨大的经济损失，频繁发生的人畜共患病更加带来了严重的公共卫生安全问题。在集约化的饲养场中，猪只被集中饲养在封闭狭小的空间内，彼此密切接触，为病毒等病原体的传播提供了极好的机会与条件。除此之外，还给生猪造成了应激，改变了生猪的新陈代谢，削弱了生猪的免疫机能，使生猪处于有大量传染性病原体荷载的高风险中。

5.1.2.2 集约化养猪带来的畜产品品质问题

近年来，随着规模集约化养殖的快速发展，在生猪产量不断提高的同时，猪长期处于封闭狭小的空间内，环境状况差，导致猪的免疫力和抗病力下降，疫病频发，药物滥用，导致药物残留问题严重，而且由于饲料和养殖过程等环节控制不严，严重影响畜产品的质量安全。

5.1.2.3 集约化养猪对环境的影响

规模化养猪的不断发展与猪场粪污治理的相对滞后，打破了传统的“畜—肥—粮”的良性循环局面，出现了生猪养殖总量增加与当地环境容量、种植业消化畜禽粪污能力不匹配的矛盾，导致养殖环境质量下降，疫病控制难度增大，已经成为全社会关注的热点问题。猪粪污污染土壤，猪粪中大量的氮、磷、微量元素、重金属以及病原微生物等都可直接进入土壤，改变土壤理化特性；猪场的污水可直接流入附近水域，引起水体富营养化；猪场粪便及其代谢活动产生氨气、甲烷、硫化氢和粪臭素等臭气，产生异味，污染空气，妨碍人畜健康。

大量病、死猪也成为污染环境的重要因素之一。按照国家《动物防疫法》规定，病死畜禽无害化处理必须深埋、化制或是焚烧，但是由于一些养猪场疾病防范意识薄弱，或者为了降低处理成本，存在病、死猪随意丢弃现象，既造成了环境污染，也成为引发疾病和疫情的重大隐患。

5.1.2.4　**集约化养猪带来的动物福利问题**

世界动物卫生组织非常强调农场动物的福利，指出农场动物是供人吃的，但在成为食品之前，它们在饲养和运输过程中，或者因卫生原因遭到宰杀时，其福利都不容忽视。动物福利有以下5方面的内容。

生理福利，即无饥渴之忧虑，保证提供给动物保持良好健康和精力所需要的食物和饮水；环境福利，也就是给动物提供适当的栖息场所，让动物能够得到舒适的睡眠和休息；卫生福利，主要是减少动物的伤病，保证动物不受额外的疼痛，预防疾病并对患病动物进行及时的治疗；行为福利，应保证动物表达天性的自由，给动物提供足够的空间、适当的设施以及与同类伙伴在一起；心理福利，即减少动物恐惧和焦虑的心情，享有生活无恐惧和无悲伤的自由，保证避免动物遭受精神痛苦的各种条件和处置。

现代集约化养猪生产过程中，由于养殖密度高，空间相对狭窄，使舍内外微生物气溶胶浓度升高，特别是猪舍内致病菌和选择性致病菌数量增加，构成了对人和动物的感染威胁。同时动物舍排出的废气散布了抗生素的耐药菌。因此卫生福利不能保证。

影响猪福利的环境因素中，温度是最重要的因素。随着环境温度的降低，对猪的健康和行为有负面影响。温度降低时，猪会寻找遮蔽物或拥挤在一起以保存热量，同时，发生咳嗽、腹泻和咬尾的频率也会增加。猪舍通风状况也是影响动物福利的一个重要因素。潮湿外加高温是促使细菌生长的有利条件，在这个过程中会使有机物降解产生氨气，氨气会激发一些疾病的产生。猪舍内的一些机械设备，如通风系统，在长期运转时会发出噪声。连续的风扇噪声会使仔猪对母猪的乳头产生伤害。处于连续高水平噪声时，母猪产奶量会下降。当暴露于高频率、高强度的噪声中时，猪的心律会升高。

动物的集约化饲养是为了充分利用有效空间，但同时也大大减少了个体动物的空间，动物表达正常行为模式所需的最低空间常常会受到限制，影响动物的行为福利，动物个体有效空间减少后造成五大危害：身体接触造成伤害。进食受到干扰，产生竞争。逃避受到干扰。疾病的发生。产生掠夺行为。地面对动物身体舒适程度、体温调节、健康及卫生是非常重要的。水泥地面更容易造成仔猪腿和蹄的伤害。妊娠母猪的限位栏限制了母猪的自由，同时容易引发母猪蹄病及乳腺炎。

在集约化养猪生产过程中，由于养殖密度高，猪的有效活动空间减少，为了减少身体接触造成的伤害，仔猪出生后要剪犬齿、断尾，这会给仔猪带来恐惧和焦虑，心理福利不能得到满足。

我国集约化养猪虽然实现了高产出、高效益，养殖方式上有了一定的改进，但还存在着大量问题：饲喂设备自动化水平低，缺乏智能化特性，猪舍环境设施简陋，不能满足信息化养殖的需求，养殖场管理模式陈旧，与现代养殖理念相差较远，劳动强度大，智能化、自动化程度低。

5.1.3 现代化精准养殖

传统的饲养管理手段以及管理经验已不适应当下生猪高效生产的发展环境，势必逐渐退出历史舞台，取而代之的是现代化的养殖技术、智能化的管理体系以及信息化的经营模式，畜牧业正在向信息化、精准化养殖管理方式转变。大数据应用的基础是数据采集，需要时刻关注圈舍中的有害气体、通风条件、圈舍粉尘、动物健康情况、饲料投喂、发情监测、疫病监测等数据，通过对这些数据进行采集、分析和对比，应用互联网和短信平台适时反馈，让大数据告诉管理者和决策者猪场的每一头猪每天处于怎样的状态，以便及时采取措施做出相应决策。目前国内精准养殖主要利用无线射频识别(Radio Frequency Identification，RFID)技术、组态软件技术、可编程控制(Programmable Logic Controller，PLC)技术、GPRS技术构建一个集精细饲喂、环境集中调控、数字化远程监控、可溯源管理系统于一体的现代化养殖公共服务平台，以加强对生猪的识别和跟踪管理以及精准饲喂和环境控制，提高养猪的经济效益。

5.1.3.1 生猪数字化精准饲喂系统

基于RFID技术的猪身份识别子系统，实现了猪的精确、快速识别，并对佩戴电子标签的猪建立一个电子档案，建立起系统管理平台与猪个体之间的桥梁，实现对猪个体的自动监控和精准养殖(王保恒等，2013)。猪摄食量及体重自动称重子系统智能采集猪每次的摄食量、体重值和摄食时间，为统计摄食次数、摄食时间与分布，形成猪个体体重连续变化的数据曲线打下基础。实时自动测量猪的摄食量和体重值。方便养殖场探索不同品种猪或同一品种猪在不同生长阶段的最佳饲喂效果，便于实现数字化管理。

智能化母猪饲养管理系统(如Velos、美国的澳斯本等)用于群养母猪舍，根据母猪的生物学特性，将猪舍划分出了各功能区域，包括采食区、饮水区、躺卧区、排泄区、发情监测区和分离区(叶娜，黄川，2009)。智能化母猪饲养管理系统具有以下功能。

该系统配置的单体精确饲喂器解决了给母猪精确喂料的问题。通过扫描电子耳标，单独饲喂，系统自动控制每一头母猪的饲喂量，确保母猪在完全无应激的状态下进食，而且达到了精确饲喂，有效控制了母猪体况，也减少了饲料浪费，为提高母猪利用年限和生产效率奠定了基础。

该系统配置的发情监测器解决了监测母猪发情的难题。发情监测器通过和公猪的联合使用，24 h不间断监测母猪的发情状况。当母猪发情时，和公猪的交流会更加频繁。发情监测器把这种交流的过程精确地记录下来，当达到系统设置的发情指标以后，系统自动将该头母猪喷墨标记。

该系统配置的自动分离器能够及时分离需要处理的母猪。当发情监测器喷墨标记下发情母猪时，人工把这头被标记的发情母猪从大圈分离出来既耗时又耗力，而且对大圈的其他母猪也有一定的应激。分离临产母猪、生病母猪以及需要打疫苗的母猪也会对母猪产生应激。而智能化母猪饲养管理系统配置的分离器可以让母猪在不知不觉中被分离到待处理区域，不需要分离的猪则回到大圈，既节省人力，又避免了猪的应激。

5.1.3.2 猪舍小气候环境调控系统

为了保证猪的健康和福利，提高猪肉质量和生产效率，需要在低碳背景下将猪舍环境调控到最佳状态，实现猪舍环境的智能化调节及数字化表达。猪舍的氨气、硫化氢、二氧化碳、粉尘、温度、光照、湿度等环境因子对于猪的生长生活影响最大，因此，圈舍中的环境条件监控是需要关注的一个重点。现代精准养殖采用猪舍环境智能监控子系统，该系统由可编程控制器、各种传感器(温湿度、光照、CO_2 浓度、氨气浓度)、执行设备(加热设备、照明设备和通风设备)组成。通过可编程控制器实现对猪舍的温度、湿度、光照、CO_2浓度、氨气浓度等环境因子的实时监控，并驱动加热设备、照明设备和通风设备等实现智能调控。

5.1.3.3 生猪数字化远程监控系统

生猪数字化远程监控系统融合了远程控制和组态监控。生猪数字化监控系统，就是将猪舍内环境因子信息、生猪信息、生产信息，以数字化的形式通过专网传送到监控办公室实现监控。远程控制技术，就是工作人员在异地通过计算机网络异地拨号或双方都接入 Internet 等手段，联通被控制的计算机，将被控计算机的桌面环境显示到自己的计算机上，通过被控计算机及时观察猪舍内运行状况。

5.1.3.4 可溯源信息管理系统

猪场溯源管理系统，就是在整个养殖过程中对生猪的各种相关信息进行记录、查询和监督的质量保障系统。通过该系统，实现生猪养殖信息透明化。生猪可溯源信息管理系统由信息管理中心以及养殖管理子系统、屠宰加工管理子系统、运输管理子系统、销售管理子系统和消费者信息查询子系统 5 个子系统组成(常宇等，2012)。信息管理中心是存储畜产品从生产到消费的全过程各个环节上报信息的数据中心。一方面，信息管理中心接收并储存养殖、屠宰加工、运输和销售 4 个子系统上报的数据；另一方面，信息管理中心为消费者信息查询子系统提供各类畜产品的相关信息。可溯源管理系统利用 RFID 技术实现畜产品质量安全管理和畜产品快速、准确的追踪溯源，在根本上切断疫病传播途径，保证畜产品的质量安全，同时也使畜产品从生产到消费全过程实现透明化。

精准养殖始于对猪场数据的持续自动采集和监测，目前仍处于初始阶段，庞大的数据整合和信息转化需要一个过程。随着这一技术与模式的成熟进步，将会提高饲料利用率，降低资源浪费，提高生产效率，减少疫病发生，保障畜产品安全。目前面临的问题是数据需要整合以及养殖者、消费者的认知水平需要逐步提升。精准养殖的需求受行业和社会趋势的驱动。通过使用精准养殖的技术，养殖户可以在养殖过程的早期做出更好的决策，将养殖场的目标管理、过程管理、经营管理有机地结合在一起，通过整个数据系统的有效分析，能够实现精准饲养，既能减少资源浪费，又能提高养殖效益和效率。

5.1.3.5 生长育肥猪精准营养技术

通过精准营养试验数据的整理和分析可得到育肥猪体重与日龄的回归曲线，累计总耗料与日龄的回归曲线。通过回归曲线可预测育肥猪在生长过程中每天的估计体重与累计总耗料，进而估算出每个生长阶段赖氨酸的需要量、饲料日采食量、饲料中赖氨酸及其他氨基酸的浓度，以配制精准营养配方，实现分阶段精准饲喂，并可实行饲料预算，按育肥猪头数、日龄预算各生长阶段匹配饲料需要饲喂的总量，便于组织饲料生产和合理变更饲料种类。

5.2 饲养管理标准化

随着养猪业的发展,养猪规模化程度快速扩大,但生产效率却比国外生猪养殖发达国家低,而且伴随养猪业的快速发展,也带来了环境污染、畜产品品质差等问题。破解这些问题的关键是提升整体技术水平,核心就是标准化规模养殖模式的建设和推广以及专业技术人才的培养。创新研发和大力推广先进适用的养猪技术,提升生猪标准化养殖水平,是提高我国生猪产业生产水平的重要途径。

5.2.1 标准化建设背景

我国畜牧业发展面临着来自资源、环境等各方面的挑战,而且发展过程中交织着许多矛盾和困难。转变畜牧业发展方式,成为战胜挑战和化解困难的重要切入点。

5.2.1.1 资源与环境等因素制约

1. 土地资源

我国畜牧业发展面临着土地资源的约束:我国人多地少,人均耕地面积少;而且耕地减少、人口增加的趋势仍在加重;我国耕地资源总体质量不高,土壤有机质不断减少;高产田比重小,中、低产田比重大;土地污染比较严重。受土地资源环境影响,粮食增产压力大,将长期处于紧平衡状态,以转化种植业产品为动物产品的畜牧业,受到巨大制约。

2. 水资源

我国畜牧业发展面临着水资源的挑战:我国水资源总量较大,人均较少,人均拥有水资源仅及世界人均量的1/4,居世界109位;淡水资源仅占世界的8%,是世界公认的贫水国;我国水资源分布不均,呈现地域性不均和季节性不均;利用率低,浪费严重;水资源污染严重。

3. 气候变化

气候变化也是影响畜牧业发展的主要因素之一。气候变化引起的极端天气次数明显增加;气象灾害多发,且影响面广,如洪涝灾害、旱灾、风灾、冰冻雪灾等;地质灾害,如地震、泥石流、塌方等。当前畜牧业基础设施薄弱,装备简陋,建设标准落后,防灾抗灾水平低,应对气候变化和自然灾害的能力差。

4. 人力资源

由于猪场远离城市,而且猪场的生活和工作环境不尽如人意,因此养殖业劳动力短缺现象逐渐显现,尤其是专业人才短缺,目前养殖一线的劳动力素质较低。由于工作环境较差,劳动力成本上升已不可逆转,尤其是高素质人才需要高薪聘请。此外,畜牧业从业人员缺乏系统培训,知识水平和劳动技能不能满足新技术、新产品、新工艺的推广应用。

5.2.1.2 畜牧业自身发展矛盾的制约

1. 动物疫病问题

疫病种类增多,有些病原出现许多不同的亚型,各亚型之间的抗原交叉性较小甚至没有交叉保护,如口蹄疫病毒有7种血清型,呈现出越来越为复杂的局面。病原变异速度越来越快、毒力越来越强、宿主群越来越大,免疫和发病机理越来越复杂。人畜共患病增多。动物疫病对畜牧业生产带来严重的威胁，一方面大幅度增加防疫投入或畜禽因病死亡，造成直接经济损失；另一方面影响畜禽生长发育和生产性能，导致经济效益降低。

2. 畜产品质量安全问题

造成畜产品质量安全问题的原因有：利益驱使是导致质量安全的重大隐患；管理制度不健全、法规制度不完善、质量安全标准体系滞后、畜产品质量管理机制不完善是造成畜产品质量安全问题的管理体制原因；此外，生态环境污染，如农田污染，农药残留等导致有毒有害物质通过饲料转移到家畜，进而蓄积在畜产品中，严重威胁着畜产品质量的安全。

3. 畜禽养殖污染问题

畜牧业快速进步，规模化养殖的不断发展，实现了畜产品产量及畜牧业产值增长的同时，畜禽粪污处理的相对滞后，打破了传统“畜—肥—粮”的良性循环局面，带来了非常严重的环境污染问题。全国每年产生畜禽粪污总量将近 4 亿 t，畜禽养殖业排放物化学需氧量 1 268 万 t，占农业源排放总量的 96%，是造成农业面源污染的重要原因。随着集约化、规模化、工厂化畜牧业的发展，产生的畜禽排泄物已远远地超过了环境承载能力，由于畜禽养殖污染处理成本偏高，部分畜禽养殖者粪污处理意识薄弱，设施设备和技术力量缺乏，畜禽排泄物未经处理直接排入周围环境，对当地的环境带来不可逆的破坏和污染，也会直接导致一些人畜易患疫病的发生。

4. 生产水平低下问题

由于养猪业生产工艺不合理，机械装备水平低，制度缺乏，管理混乱，导致生产效益低。

基于以上背景，从我国国情出发，借鉴国外现代畜牧业发展经验，2010 年中央一号文件提出“支持建设规模养殖场、发展健康养殖示范场、开展标准化创建活动”。农业部将发展畜禽标准化养殖列为“十二五”畜牧业发展的重要任务，并出台畜禽养殖标准化示范创建活动方案。畜禽养殖标准化建设顺应了现代畜牧业发展的基本要求，有利于加快生产方式转变，提高科技应用水平；有利于增强畜牧业综合生产能力，保障畜产品供给安全；有利于提升疫病防控能力，确保人畜安全；有利于提高资源产出率和劳动生产效率，降低生产成本；有利于推进畜禽养殖污染防治，建立农业生态体系。

5.2.2　生猪养殖标准化内容

生猪养殖标准化指猪饲养管理内容流程化、生产管理标准化。2010 年农业部启动的畜禽良种化、养殖设施化、生产规范化、防疫制度化、粪污无害化为内容的《畜禽养殖标准化示范创建活动工作方案》(农办牧〔2010〕20 号)，为生猪标准化提供了基本遵循，成为推动猪场标准化的强大动力(农业部，2010)。

5.2.2.1　生产规范化

要求养殖场制订并实施科学规范的畜禽饲养管理规程，配备与饲养规模相适应的畜牧兽医技术人员，严格遵守饲料、饲料添加剂和兽药使用有关规定，生产过程实行信息化动态管理；搞好环境调节，建立规范的档案制度与生物安全制度。

饲料、饲料添加剂和兽药使用符合规范。猪饲料原料均应属于《饲料原料目录》规定的品种，并符合《饲料原料目录》的要求，色泽新鲜，无发酵、霉变、结块及异味、异嗅，有毒有害物质，微生物允许量应符合《饲料卫生标准》(GB 13078—2017)的规定。饲料添加剂应属于《饲料添加剂品种目录》规定的品种，应具有该品种应有的色、嗅、味和组织形态特征，无异味。严格执行《饲料添加剂安全使用规范》，产品应由具有农业部颁发的《饲料添加剂生产许可证》的正规企业生产并具有产品批准文号。使用时应遵照标签所规定的用法和用量。药物性饲料添加剂按照《饲料药物添加剂使用规范》执行。禁止使用的兽药按照《绿色食品　兽药使用准则》(NY/T 472—2006)执行。全价配合饲料、浓缩饲料和添加剂预混合料的生产、使用按《猪饲养标准》(NY/T 65—2004)或已经备案的企业标准执行。

猪舍环境管理要求见表5-1至表5-3。

表5-1　各类型猪的最适温度和适宜范围　℃

猪舍类别	舒适范围	高临界	低临界
种公猪舍	15～20	25	13
空怀妊娠母猪舍	15～20	27	13
哺乳母猪舍	18～22	27	16
哺乳仔猪保温箱	28～32	35	27
保育猪舍	20～25	28	16
生长育肥猪舍	15～23	27	13

引自：《规模猪场环境参数及环境管理》(GB/T 17824.3—2008)。

注：表中哺乳仔猪保温箱的温度是仔猪1周龄以内的临界范围，2～4周龄时的下限温度可降至24～26℃。表中高、低临界值指生产临界范围。生长育肥猪舍的温度，在月平均气温高于28℃时，允许将临界上限提高1～3℃；月平均气温低于−5℃时，允许将监界下限降低1～5℃。

猪舍内相对湿度以50%～70%为宜。高温高湿环境易导致病原性真菌、细菌和寄生虫的滋生；而在低温高湿环境下，猪易患各种感冒性疾病、消化道疾病、神经痛、风湿症、关节炎等；低湿环境易引起动物呼吸道疾病，低湿有利于白色葡萄球菌、金黄色葡萄球菌的存活。

表5-2　各类猪群饲养密度

猪群类别	每栏建议饲养头数	每头占猪栏面积/m^2
种公猪、后备公猪	1	8.0～12.0
空怀、妊娠母猪(限位栏)	1	1.3～1.5
空怀、妊娠母猪(群饲)	4～5	1.8～2.5
后备母猪	4～6	1.5～2.0
泌乳母猪	1	3.8～4.2
保育猪	8～12	0.3～0.4
生长猪	8～10	0.6～0.9
育肥猪	8～10	0.8～1.2

引自：《标准化规模养猪场建设规范》(NY/T 1568—2007)。

猪舍内气流速度以0.1～0.2 m/s为宜，最大不要超过0.25 m/s。在高温环境下，增大气流有利于猪舍散热，缓解热应激；在寒冷季节，气流过大使机体散热增加，既影响猪的健康，又增加能量消耗，作用于机体局部的低温高速气流(俗称“贼风”)对猪的危害更大。

猪场区及舍内空气质量标准以及可吸入颗粒物和总悬浮颗粒物质量标准见表 5-3。

表 5-3　有害气体以及可吸入颗粒物和总悬浮颗粒物质量标准　　mg/m^3

项目	场区	舍内
氨气	5	25
硫化氢	2	10
二氧化碳	750	1 500
恶臭(稀释倍数)	50	70
可吸入颗粒物	1	1
总悬浮颗粒物	2	3

引自:《畜禽场环境质量标准》(NT/T 388—1999)。

完善消毒防疫制度。消毒是消灭外界环境中的病原菌,切断和预防疫病发生和流行的主要措施。根据当地的疫情和具体条件,养猪场必须有一套科学、合理的消毒制度,以确保猪群健康、猪场安全生产。猪场的消毒主要包括进场前的消毒,生产区的消毒,工作人员的消毒,猪舍的消毒,带猪消毒,生产用具的消毒等。要树立“养防结合、防重于治”的思想,采取以环境控制为中心的综合防治措施,改善猪舍周围环境,清除一切病原体和病源载体。认真执行兽医综合防疫规章制度。建立兽医中心实验室的监测体系,监测体系包括抗体监测、环境监测、消毒效果监测、药敏试验、生物疫苗制剂的效价监测和临床观察、病理解剖。必须坚持“先监测,后实施”的原则。在环境监测的基础上,定期进行环境消毒和带猪消毒,根据猪群抗体水平和疫病情况制订有效的免疫程序,适时、准确地预防接种。及时淘汰病弱猪,并进行剖检和实验室诊断。药物预防以微生态、酸化剂等生物制剂和中药防治为主,向无抗养殖的方向一步步迈进。

搞好制度性驱虫。引进的后备猪在引进以后 1 周内体内外驱虫 1 次,转栏前再次驱虫 1 次。成年猪每年定期(2 月份、6 月份、10 月份,具体驱虫时间可根据驱虫前寄生虫的普查或抽查结果及上一次驱虫后的效果进行适当调整)驱虫 3 次。临产母猪上产床前用体表驱虫药物驱体外寄生虫 1 次。断奶仔猪育肥前需进行驱虫。及时收集驱虫后的粪便,进行生物热堆积发酵(外覆薄膜),防止虫卵扩散。

建立规范的养殖档案记录。生产记录或报表,包括种猪档案、配种记录、分娩哺育记录、保育仔猪及生长肥育猪存栏周报表和月报表等。

制订饲料、兽药等投入品管理制度。饲料采购和使用报表,包括饲料的种类、名称、生产厂家、批号、开始使用时间、停止使用时间、用量,使用的猪只种类、标识号、年龄、体重等;兽药采购和使用记录,包括采购和使用的兽药种类、名称(商品名及有效成分)、生产厂家、批号、给药途径、给药剂量、使用疗程,使用猪只的种类、标识号、年龄、体重等。

建立完备医事制度,免疫记录,包括使用的疫苗种类、名称、生产厂家、批号、免疫方法、免疫剂量、免疫接种人员、免疫时间,免疫猪只的种类、标识号、年龄、体重等;诊疗记录,包括诊疗时间,诊疗猪只的种类、标识号、年龄、体重、临床症状,诊疗人员,用药名称、剂量、方法,诊疗结果等;病死猪无害化处理记录,包括日期,病死猪只的种类、标识号、年龄、体重、数量、死亡原因,处理方法,处理单位(或责任人)等。

建立完备的销售记录。记录销售时间,猪只的数量、年龄、体重,销售价格等。并建议对生长速度、饲料利用率、饲养成本等进行统计分析,同时收集屠宰率、瘦肉率、背膘厚等数据,进而评估猪只的生产性能水平和猪场的管理水平,改进饲养管理方案,提高管理水平。

所有的记录档案保存3年。

5.2.2.2 防疫制度化

消毒、防疫制度健全,设施完善,科学实施生猪疫病综合防控措施,加强动物防疫条件审查,有效防止重大动物疫病发生,对病死猪实行无害化处理。

规模猪场的卫生消毒和防疫等按照《集约化猪场防疫基本要求》(GB/T 17823—2009)执行,表5-4为常规消毒方案推荐。

表5-4 常规消毒方案推荐

用途	主要成分	配制浓度	注意事项	使用方法
大门口及更衣室、消毒池、脚踏池	氢氧化钠	2%～3%	强腐蚀性,注意安全	现配现用,每周至少更换2次,下雨后及时更换
车辆及运输工具	碘、磷酸、硫酸	1∶400	避光保存	喷雾,交替使用
	酚、醋酸	1%	高浓度(>5%)对皮肤、黏膜有刺激性和腐蚀性	
	癸甲溴铵溶液	1∶600	低温影响消毒效果	
	聚维酮碘	1∶500	避光保存	
	戊二醛、邻苯二甲醛、季铵盐	1∶500	浓溶液避免与皮肤和黏膜接触	
场地消毒	络合氯	1∶1 000		现配现用,每天更换1次
	聚维酮碘	1∶500	溶液淡黄色消失时无效	
	酚、醋酸	1%	不与其他消毒剂合用	
	癸甲溴铵溶液	1∶600	低温影响消毒效果	
	络合氯	1∶1 000		
	戊二醛、邻苯二甲醛、季铵盐	1∶500	浓溶液避免与皮肤和黏膜接触	
	酚、醋酸、十二烷基磺酸	1%	不与其他消毒剂合用	
生产线道路、环境常规消毒	氧化钙	配制成10%～20%的石灰乳	有腐蚀性	现配现用,每周2次
	氢氧化钠	2%～3%	强腐蚀性,注意安全	现配现用,每月至少1次
	过氧乙酸、过氧化氢	1∶2 000	易挥发	舍内环境消毒
生活区	氢氧化钠	2%～3%	强腐蚀性,注意安全	每月1次

续表 5-4

用途	主要成分	配制浓度	注意事项	使用方法
洗手盆	聚维酮碘	1∶500	溶液淡黄色消失时无效	现配现用，每 2～3 d 换 1 次，以保证有效浓度
	戊二醛、癸甲溴铵	1∶2 000	禁与阴离子表面活性剂混合使用	
	癸甲溴铵溶液	1∶1 500	低温影响消毒效果	
	络合氯	1∶1 000		
栏舍常规消毒	聚维酮碘	1∶500	溶液淡黄色消失时无效	喷雾，现配现用，定期使用
	戊二醛、邻苯二甲醛、季铵盐	1∶500	浓溶液避免与皮肤和黏膜接触	
	酚、醋酸	1%		
	二氯异氰脲酸钠粉	1∶1 000	分娩舍产床消毒常用	
空栏消毒	氢氧化钠	2%～3%	一种消毒剂清洗干净后，再用另外一种消毒剂，否则可能影响消毒效果	喷雾，现配现用
	碘、磷酸、硫酸	1∶400		
	过硫酸氢钾复合物	1∶200		
	酚、醋酸	1∶330		
	氧化钙	配制成 10%～20%的石灰乳	喷洒墙壁、地面、产床等	现配现用
	甲醛	不稀释	刺激性强，熏蒸后要通风后，方能进入猪舍	用保温灯加热熏蒸消毒
器具消毒	聚维酮碘	1∶500	溶液淡黄色消失时无效	现配现用，浸泡消毒
	二氯异氰脲酸钠粉	1∶600		
	戊二醛、邻苯二甲醛、季铵盐	1∶500	浓溶液避免与皮肤和黏膜接触	
	戊二醛、癸甲溴铵	1∶2 000		
	酚、醋酸、十二烷基磺酸酚、醋酸	1%～1.6%	不与其他消毒剂合用，高浓度有腐蚀性	
饮水消毒	癸甲溴铵溶液	1∶2 000	不能随意加大剂量	现配现用，直接饮用
	聚维酮碘	1∶1 500		
	亚氯酸钠、柠檬酸、硫酸钠、硫酸镁	1 片/1 t 水		
饮水系统（水管）消毒	生物表面活性剂，缓释剂	1∶500	只在空栏时使用	搅拌均匀后充满管道，泡管 2～3 d，冲洗干净

续表 5-4

用途	主要成分	配制浓度	注意事项	使用方法
带猪消毒	碘、磷酸、硫酸	1∶400	将栏舍及猪身冲洗干净后使用	喷雾，现配现用
	过硫酸氢钾复合物	1∶200		
	癸甲溴铵溶液	1∶600		
	乙酸	不稀释	冬季猪舍内常规消毒	不用加热，熏蒸消毒
皮肤消毒	高锰酸钾	1∶1 000	有机物减弱杀菌作用，高浓度有腐蚀性	母猪后驱消毒、公猪包皮清洗，深层创伤冲洗
	乙醇	75%	易挥发	皮肤或注射部位消毒
	碘酒	5%	避光保存	脐带，尾根部消毒
	紫药水	不稀释		创伤部位消毒

引自：《广东温氏食品集团股份有限公司猪场作业指导书》第2版。

猪场应建立健全严格的防疫管理制度。要从非疫区引种，并有产地检疫证书，必要时进行血清学检测。引入后应隔离饲养2个月，经本场兽医检疫，确认健康后，方可入舍混群。在隔离期间还应驱除体外寄生虫，没有注射疫苗的应补注各种疫苗。

猪场应根据《中华人民共和国动物防疫法》相关规定，对猪只进行动物防疫性预防接种。按国家确定的必须免疫的动物疫病，实施计划免疫。依据当地疫病流行和受威胁情况，对计划免疫以外的动物疫病进行免疫。疫苗来源于具有动物生物制品经营许可证的生产经营单位。加强疫苗的管理和保存。疫病的预防接种按免疫程序进行，实施动物免疫登记制度，做好登记记录。发生疫情或疑似发生疫情，兽医和防疫员应及时诊断，并向当地兽医管理部门报告疫情。确诊发生国家或地方规定的必须扑灭的传染病时，应配合当地兽医管理部门，实施严格的隔离、扑杀、封锁。发生国家或地方规定需净化处理的疫病时，应对猪群实施清群和净化。发生疫病的养殖单位，应按国家要求进行消毒，对病死或淘汰的尸体进行无害化处理。

无害化处理是指用物理、化学等方法处理病死猪尸体及相关产品、消灭其所携带的病原体、消除病死猪尸体危害的过程。农业部印发的《病死动物无害化处理技术规范》(农医发〔2013〕34号)推荐以下4种处理法(农业部，2013)。

1. 焚烧法

焚烧法是指在焚烧容器内，使动物尸体及相关动物产品在富氧或无氧条件下进行氧化反应或热解反应的方法。包括直接焚烧和碳化焚烧。该方法存在对环境的污染，生产中不鼓励使用此法。

2. 化制法

化制法是指在密闭的高压容器内，通过向容器夹层或容器通入高温饱和蒸汽，在干热、压力或高温、压力的作用下，处理动物尸体及相关动物产品的方法。包括干化法和湿化法。化制法投资大，适合大规模集中处理。

3. 掩埋法

掩埋法是指按照相关规定，将动物尸体及相关动物产品投入化尸窖或掩埋坑中并覆盖、消毒,发酵或分解动物尸体及相关动物产品的方法。此法包括直接掩埋法和化尸窖法。直接掩埋易造成土壤污染,生产中不鼓励使用。

4.发酵法

发酵法是指将动物尸体及相关动物产品与稻糠、木屑等辅料按要求摆放,利用动物尸体及相关动物产品产生的生物热或加入特定生物制剂,发酵或分解动物尸体及相关动物产品的方法。

5.2.2.3　粪污资源化

猪场粪污资源化利用是指在猪粪污处理过程中,通过生产沼气、堆肥、沤肥、沼肥、肥水、商品有机肥、垫料、基质等方式将粪污进行合理利用。规模养猪场粪污资源化利用应坚持农牧结合、种养平衡,按照资源化、减量化、无害化的原则,对源头减量、过程控制和末端利用各环节进行全程管理,提高粪污综合利用率和设施装备配套率。农业部重点推广的粪污资源化技术模式有以下几种。

一是"污水肥料化利用"模式。养殖污水经多级沉淀池或沼气工程进行无害化处理,配套建设肥水输送和配比设施,在农田施肥和灌溉期间,实行肥水一体化施用。

二是"污水达标排放"模式。对于无配套土地的规模养殖场,养殖污水固液分离后进行厌氧、好氧深度处理,达标排放或消毒回用。

三是"粪污全量收集还田利用"模式。对于养殖密集区或大规模养殖场,依托专业化粪污处理利用企业,集中收集并通过氧化塘储存对粪污进行无害化处理,在作物收割后或播种前利用专业化施肥机械施用到农田,减少化肥施用量。

四是"粪污专业化能源利用"模式。依托大规模养殖场或第三方粪污处理企业,对一定区域内的粪污进行集中收集,通过大型沼气工程或生物天然气工程,沼气发电或提纯生物天然气,沼渣生产有机肥,沼液通过农田利用或浓缩使用。

五是"异位发酵床"模式。粪污通过漏缝地板进入底层或转移到舍外,利用垫料和微生物菌进行发酵分解,包括"舍外发酵"模式和"高架发酵床"模式。采用"公司+农户"模式的家庭农场宜采用"舍外发酵床"模式,规模生猪养殖场宜采用"高架发酵床"模式。

规模养猪场应根据养殖污染防治要求,建设与养殖规模相配套的粪污资源化利用设施设备,并确保正常运行。规模养猪场应及时对粪污进行收集、储存,粪污暂存池(场)应满足防渗、防雨、防溢流等要求。固体粪便暂存池(场)的设计按照《畜禽粪便贮存设施设计要求》(GB/T 27622—2011)执行,污水暂存池的设计按照《畜禽养殖污水贮存设施设计要求》(GB/T 26624—2011)执行。猪场应建设雨污分离设施,污水宜采用暗沟或管道输送。

规模养猪场宜采用干清粪工艺。采用水泡粪工艺的,要控制用水量,减少粪污产生总量。鼓励水冲粪工艺改造为干清粪工艺或水泡粪工艺。最高允许排水量(环境保护局,2001):干清粪工艺,夏季为1.8 m^3/(百头·d),冬季为1.2 m^3/(百头·d);水冲粪工艺,夏季为3.5 m^3/(百头·d),冬季为2.5 m^3/(百头·d)。

规模养猪场干清粪或固液分离后的固体粪便可采用堆肥、沤肥、生产垫料等方式进行处理利用。固体粪便堆肥(生产垫料)宜采用条垛式、槽式、发酵仓、强制通风静态垛等好氧工艺,或其他适用技术,同时配套必要的混合、输送、搅拌、供氧等设施、设备。猪场堆肥设施发酵容积不小于0.002 m^3×发酵周期(d)×设计存栏量(头)(农业部,2018)。

液体或全量粪污通过氧化塘、沉淀池等进行无害化处理的,氧化塘、储存池容积不小于单位畜禽日粪污产生量(m^3)×贮存周期(d)×设计存栏量(头)(农业部,2018)。单位畜禽粪污日产生量推荐值为:生猪 0.01 m^3,具体可根据养殖场实际情况核定。

液体或全量粪污采用异位发酵床工艺处理的,每头存栏生猪粪污暂存池容积不小于 0.2 m^3,发酵床建设面积不小于 0.2 m^2,并有防渗、防雨功能,配套搅拌设施。

液体或全量粪污采用完全混合式厌氧反应器(CSTR)、上流式厌氧污泥床反应器(UASB)等处理的,配套调节池、厌氧发酵罐、固液分离机、储气设施、沼渣沼液储存池等设施、设备,相关建设要求依据《沼气工程技术规范》(NY/T 1220—2006)执行。利用沼气发电或提纯生物天然气的,根据需要配套沼气发电和沼气提纯等设施、设备。

堆肥、沤肥、沼肥、肥水等还田利用的,依据畜禽养殖粪污土地承载力测算技术指南合理确定配套农田面积,并按 GB/T 25246、NY/T 2065 执行。

5.2.2.4 饲养员操作标准化

当前,大型养殖企业经过长期积累形成了一套自己的不同生理阶段猪的饲养管理体制,制订了较为严谨、完善的饲养管理制度,以饲养管理规程的形式确定了饲养员的行为目标、环节要求,目的是规范统一员工操作,进一步实行细化管理,提高生产成绩。以分娩舍制订饲养管理操作规程为例,谈猪场操作规程的标准化。

1. 工作目标

保证母猪有良好泌乳性能;仔猪断奶成活率达 96%以上,仔猪断奶正品率达 95%以上,母猪断奶 10 天复配率达 90%以上;3.5 周龄断奶仔猪平均体重达 6.5 kg 以上,平均断奶日龄在 23～25 d。

2. 空栏消毒

仔猪转出后,先用清水将栏面猪粪打湿、喷 2%烧碱冲干净,再用 2%烧碱喷洒冲干净空栏,然后熏蒸消毒。对存栏过患皮肤病或腹泻较严重的仔猪的单元进猪前进行火焰消毒。必须在规定的时间冲完空栏,冲栏时间定为 1.5 d(冲栏时间包含转栏当天)。

3. 进猪前准备

产房进猪前先装好保温木板、灯线,准备好麻包、药物等接产用物品。产房进猪后当天进行猪带体消毒,在母猪未分娩前进行带体驱虫消毒 1～2 次。产房进猪时将一、二产程猪放在通风处,夏天把保温板拿起,增加产房通风。

(1)母猪饲养管理。

①母猪喂料。母猪料槽写上生产日期,母猪产前适当进行限料,料量最高 3.8 kg/(头·d);产后 3～5 d 开始自由采食 4～4.5 kg;哺乳高峰期(产后 14 d)料量达 6.5～8 kg,哺乳高峰期料量要维持 1 周时间,哺乳期全程料量控制在 4.5～4.8 kg/(头·d),对带仔数较多的单元全程料量最高不超过 5 kg/(头·d);断奶前 3 d 适当控料。母猪每次提高料量时要有 2～3 d 的过渡期,以免影响哺乳高峰期的采食量;母猪在哺乳期间要自由采食,并避免剩料过多造成浪费(以每次喂完猪后料槽空槽达 90%以上为准)每天喂料 3～4 次,清料槽 1～2 次。

产前产后母猪料中加鱼腥草粉(10～20 g)、大黄苏打散(5～10 g)或 1.2%的小苏打(也可加泌乳进)提高采食量和预防便秘。区别对待哺乳期间过肥或偏瘦的母猪,哺乳期间掉膘严重的母猪要适当提前断奶。断奶前要把高胎龄母猪与一胎猪打标记区分,以便配种舍分开饲养。

②产前保健。乳腺炎母猪用温水进行热敷及肌肉注射鱼腥草 20 mL+青霉素 3 支+链霉素 2 支,特别严重的用普鲁卡因 10 mL 进行封闭治疗。

③判断分娩。根据母猪预产期，结合临产表现判断分娩时间。阴门红肿、频频排尿，1～2 d 分娩；乳房有光泽，两侧乳房外涨，全部乳房有较多乳汁排出，4～12 h 内分娩；有羊水破出，2 h 内可分娩。个别初产母猪情况可能特殊。

④产前消毒。出现分娩症状后，立即用消毒水对产栏与母猪消毒。母猪分娩前用 0.1% 高锰酸钾水进行外阴、后躯、乳房及腿臀部消毒，产栏消毒干净。1 个产栏对应 1 桶(17 L 桶)消毒水，1 头母猪消毒对应 1 桶 0.1%高锰酸钾水，消毒水现配现用，消毒产栏时注意卫生死角，如母猪躺卧处、仔猪料槽下。

⑤接产操作。

a. 接产要专人看管，每次离开时间不超过 0.5 h，白班员工下班时填写交班记录，杜绝口头交接班；夜班人员下班前填写《夜班人员值班记录表》，由分娩舍组长监督、检查。

b. 仔猪出生后立即用毛巾或麻袋把口鼻黏液、猪体擦干，然后断脐，离脐带根 3～4 cm 断脐(断脐时流血要进行结扎)，并对脐部消毒，将脐带头放入 5%碘酊中浸泡消毒。将仔猪放保温箱 10～15 min，保持箱内温度 30～35℃，防止贼风侵入(必要时用饲料袋或麻袋在保温箱做小门帘)。

c. 假死仔猪抢救。先将口鼻黏液或羊水倒流、抹干，打樟脑针 1 mL 或进行人工呼吸，人工呼吸时要抓住仔猪后脚，将仔猪倒提用手拍打背部或使仔猪腹部朝上，左右手抓其前后脚进行屈伸以促进仔猪呼吸。

d. 检查胎衣或胎盘。看母猪是否有努责或产后体温升高(甚至产后仍有胎屎、胎水排出)，必要时打催产素或进行适当处理。

e. 奶头固定。把每个乳头挤掉几滴奶。仔猪放出吃初乳前，进行关节贴胶布，以胶布贴住仔猪关节 2/3 为准，并在产栏两边绑好麻袋，使仔猪吃奶时不损伤关节。初生重小的放在前面乳头，大的放在后面，尽早让仔猪吃上初乳 10 min 左右。

⑥难产判断及处理。有羊水排出，强烈努责后 0.5 h 仍无仔猪产出或产仔间隔超过 1 h，即视为难产，需要人工助产。

子宫收缩无力或产仔间隔过长，可采取以下方法助产：用手由前向后用力挤压腹部、对产仔时间过长或产仔消耗过多的母猪进行补液，有助于分娩。注射缩宫素 2～4 mL，要注意在子宫劲口开张时才用。

胎儿过大、胎位不正、骨盆狭窄等原因造成难产的，应立即人工助产：剪平指甲，用 0.1% 高锰酸钾水消毒手、手臂，然后用液体石蜡润滑手、手臂；手随子宫收缩节律慢慢伸入阴道内，子宫扩张时抓住仔猪下颌或后腿，慢慢将其向外拉出，生产后要对母猪子宫进行冲洗并投药，同时肌肉注射抗生素 3 d，以防子宫炎、阴道炎的发生。人工助产时要尽量避免损伤产道，特别是使用助产工具时更要小心。

对产道损伤严重的母猪应及时淘汰，难产母猪卡上要注明难产原因，以便在下一次分娩时可以采取适当的措施避免。

⑦产后保健。对流脓较严重在饲料中添加利高 1 500 mg/kg 进行预防。对一产猪及不吃料母猪在分娩时进行输液：第 1 瓶：5%葡萄糖水＋林可 30 mL＋青链霉素各 2 支；第 2 瓶：10%葡萄糖水＋维生素 B 10 mL(在吊瓶剩最后 100 mL 时加入缩宫素 3 mL)；第 3 瓶：甲硝唑 100 mL。产后个体母猪肌肉注射：鱼腥草 20 mL＋青霉素 3 支＋链霉素 2 支，1 次/d，连续 2 d(分娩时已输液母猪减少 1 针)；流脓母猪肌肉注射鱼腥草 20 mL＋阿莫西林 4 支，1 次/d，连

续3 d。母猪产后后躯及乳房要用0.1%高锰酸钾水进行消毒并在外阴部涂干燥粉，连续3 d。乳腺炎母猪用温水进行热敷及肌肉注射鱼腥草20 mL＋青霉素3支＋链霉素2支，特别严重的用普鲁卡因10 mL进行封闭治疗。

（2）仔猪饲养与护理。新生仔猪在要24 h内注射右旋糖酐铁2 mL预防贫血、注射维生素E 0.5 mL（用1.5 mL生理盐水稀释后注射2 mL）预防白肌病，增强抵抗力。做好仔猪剪牙、断尾等工作。

①剪牙操作：剪牙钳要消毒、剪掉牙齿2/3（以不剪到牙根，断口要平整为准），并口服阿莫西林0.2 g/头。

②断尾操作：用电热钳来剪（预热要充分），距离尾根1.8～2 cm处，长度要一致，并且切口要整齐，用2%～5%碘酊消毒，流血严重用高锰酸钾粉止血或用绳结扎（不流血后松开绳）。

③寄养操作：实行“寄大不寄小，寄早不寄晚”的寄养原则，仔猪吃初乳36～48 h后进行寄养（寄养时在母猪的鼻口或寄养仔猪的身上涂些碘酒或酒精，使母猪无法区别寄养仔猪，减小寄养仔猪被母猪咬伤或压死仔猪的情况），最多每头母猪带仔不超过12头，每周应适当进行调整2～3次，保证仔猪均衡度及母猪乳头的合理利用，选择奶水好或初产母猪带弱小仔猪（弱小仔猪平时要加强营养护理，如加奶粉等）。

④去势操作：3～5日龄小公猪去势，切口不宜太大，也不要用力过大拉睾丸（否则易造成阴囊疝），术后用鱼石脂及5%碘酊进行消毒，手术刀片也要消毒，在仔猪去势时要对整栏仔猪的脐部及损伤的关节进行加强消毒（2%～5%碘酊），降低脐散的比例，对关节损伤的仔猪要进行（对关节）消毒。

⑤诱料操作：5～7日龄仔猪开始诱料，把料投在保温板和料槽上，饲料要保持新鲜及清洁，勤添少喂，每天要更换1次。撒料粉操作：把乳猪料磨成粉，当母猪放奶且仔猪在吃奶时，在母猪乳头上撒上粉料，3～4次/d，7日龄开始，连续7～10 d，对仔猪断奶后提高采食量有很大的作用。

⑥断奶准备：仔猪平均21～23日龄断奶，24～26日龄转栏，断奶前后3 d投维生素C粉抗应激，断奶后1～2 d仔猪要适当进行限料，对弱小、偏瘦仔猪可以在料中拌奶粉以提高采食量或喂水料。对腹泻比较严重的单元的仔猪增加1～2针长效抗菌剂（得米先）的保健，剂量为1～2 mL/头。

⑦仔猪免疫：仔猪出生当天伪狂犬疫苗滴鼻0.5份/头，7 d支原体苗2 mL/头＋蓝耳灭活苗1 mL/头，14 d蓝耳弱毒苗0.3头份/头，21 d支原体苗2 mL/头＋蓝耳灭活苗2 mL/头。免疫方法根据疫苗说明书实施。

⑧环境控制：每天搞好室内外卫生，产栏底每天推1次，保温板粉尘每周擦2次，下水道冲水器每周开3次，开冲水器时做好记录工作；每周室内消毒2次（一次带体消毒一次冰醋酸熏蒸消毒，潮湿天气带体消毒可以推后进行），门口消毒池和洗手盆每周更换2次，而且要保证消毒水的有效浓度，病死猪要及时清走，室内垃圾每周清1次，工作间工作台要每天打1次。合理使用风机及一些保温设备，做到大环境通风小环境保温，开窗通风方法（以冬天吹北风为例）：南面透气窗—北面透气窗—南面靠保温箱的中窗—南面不靠保温箱的中窗—北面靠保温箱的中窗—北面不靠保温箱的中窗—南面靠保温箱的底窗—南面不靠保温箱的底窗—北面靠保温箱的底窗—北面不靠保温箱的底窗，要做好保温与通风的工作要经过多次调整、感觉、多走动巡栏。

参考文献

[1] 常宇,朱伟兴,郝威.工厂化生猪精准养殖与可溯源管理平台的构建.现代科学仪器,2012,5:71-74.

[2] 环境保护总局.畜禽养殖业污染物排放标准 GB 18596—2001,2001.

[3] 农业部.病死动物无害化处理技术规范.农医发〔2013〕34 号,2013.

[4] 农业部.关于加快推进畜禽标准化规模养殖的意见.农牧发〔2010〕6 号,2010.

[5] 农业部.畜禽规模养殖场粪污资源化利用设施建设规范(试行).农办牧〔2018〕2 号,2018.

[6] 王保恒,朱伟兴,郝威,等.基于无线射频识别技术的商品猪精准养殖与管理系统设计.现代科学仪器,2013,6:45-50.

[7] 叶娜,黄川.荷兰 Velos 智能化母猪饲养管理系统在国内猪场的应用.养猪,2009,2:41-42.

第 6 章
猪智能化精准饲喂

本章内容提要

早在 20 世纪 80 年代，美国的种猪性能测定系统就进入了中国，对种猪精准选择与评定提供了极大帮助，但真正实现精准饲喂是近 10 年的事。2006 年荷兰群养母猪电子饲喂站系统进入中国，中国的生猪养殖步入了“半智能”时代。本章重点介绍了生猪生产中应用较多的母猪精准饲喂设备的系统构成及其应用技术，以及国内相关的研究进展。

我国发展现代养猪业，面临资源紧缺与资源消耗过大的双重挑战，以感知设备、信息传送和信息智能处理平台为核心的物联网技术，可以实现猪业生产过程的量化分析、智能决策、变量投入、定位操作，成为数字化养猪的重要基础。数字化养猪是以信息作为养猪业生产要素，用现代信息技术对养猪场及场内的猪只、环境和饲喂过程，通过可视化表达、数字化设计、信息化管理，实现信息技术与养猪生产各个环节的有效融合。

基于物联网平台技术的智能饲养管理系统与智能设备的协同发展，实现猪舍、猪栏与猪只以及猪个体的采食、饮水、活动、睡眠、体重等信息的精准管理，实现猪个体精准饲喂，实现养猪生产的高效、生态、安全。群养母猪饲喂器、泌乳母猪饲喂器等精准生产设备的应用，是我国生猪生产历程中的重大事件，不仅使猪的健康福利得到保障，而且极大地提高了猪的精准饲喂水平。

6.1　母猪群养电子饲喂站系统

母猪群养电子饲喂站系统称为母猪电子群养系统，简称母猪群养饲喂系统。传统的空怀妊娠母猪采用定位栏单体限位人工饲养，母猪没有得到运动，增加了疾病风险；生产中对母猪应激大，容易导致妊娠前期胚胎死亡；个体饲喂量不容易控制，导致群体内各母猪肥瘦不均，群体一致性差；同时母猪单体限位饲养也限制了母猪活动自由，严重影响母猪福利，极易导致难产。英国 1999 年已经从法律上禁止将母猪限定在限位栏内饲养；美国目前 9 个州已经通过立法禁止使用限位栏饲养妊娠母猪；欧盟在 2013 年已经全面禁止使用限位栏。为了满足母猪福利需求，克服限位饲养带来的弊端，近年来，欧美等国家先后研制成功智能母猪群养饲喂系统，并广泛应用于规模养猪场，主要生产商有德国大荷兰人（Big Dutchman）国际有限公司、美国奥斯本工业有限公司、荷兰 Nedap 公司等。2007 年后，国内陆续有大型规模化猪场引进这些公司的设备实施母猪群养，一些畜牧设备公司也开始进行研制生产。

如果一台设备每头母猪分配采食时间只有 8 min，母猪很难一次采食完成分配的量，会导致母猪在设备采食入口处争斗增加，如果将采食时间分配到 15 min 则可以很好地解决该问题。Edwards 发现，一头母猪在群养设备的时间平均 25～30 min，要保证母猪有足够采食时间，就要保证每台设备饲喂的母猪头数不能过多，一般一台设备以饲养 40～60 头母猪为宜，过多会导致母猪损伤增加、体况下降、生产性能降低。

6.1.1　系统构成

母猪群养电子饲喂站系统（图 6-1）由饲喂站（图 6-2）、喂料控制软件与猪电子耳标组成，各饲喂站通过通讯电缆相连后与系统管理电脑连接。母猪从入口进入饲喂站时，射频读卡器读取母猪耳标信息，系统管理软件根据母猪耳标信息确定母猪身份，根据分配给母猪当天所需要饲料量是否吃完而确定门是否打开。母猪进去采食时，其他母猪无法进入，确保母猪采食不受干扰。只有母猪采食完从出口出来后，下一头母猪才能从入口进入。系统管理软件对母猪身份、采食量、采食时间、次数等进行统计和分析，猪场管理人员能方便地查看每头猪的信息，从而实现对母猪群的精确饲喂和数据管理。

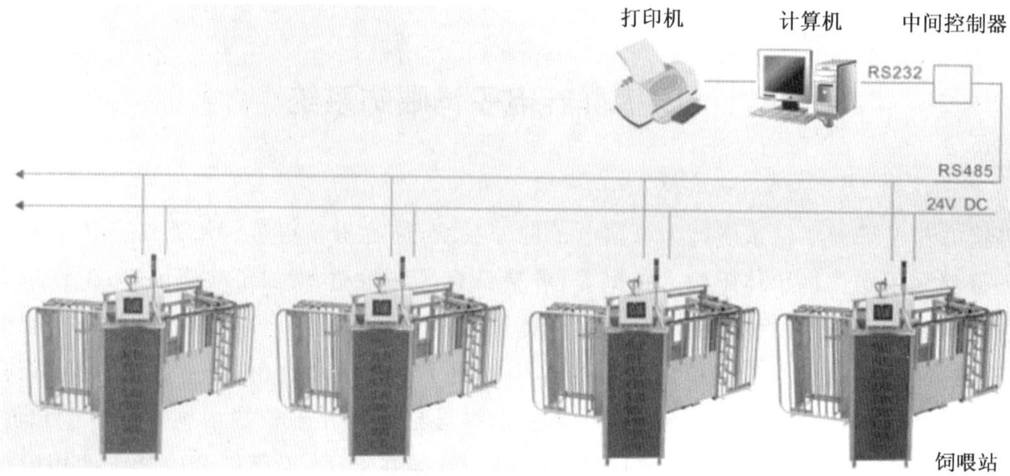

图 6-1　母猪群养饲喂管理系统

引自:王开云,2016.

图 6-2　母猪群养电子耳标识别(左)与饲喂站(右)

6.1.2　主要功能

母猪群养饲喂系统的主要功能有:①实现母猪大栏群养管理。母猪饲喂管理系统中,母猪以大栏群养模式进行饲养管理,改变了传统母猪限位栏饲养模式,增加了自由活动空间和交流机会,增强体质,改善健康状况,减少限位栏饲养给母猪造成的伤害,改善动物福利。②实现对每头母猪的精确饲喂。群养模式下,每头母猪右耳佩戴电子耳标,当其进入饲喂站采食时,系统通过电子耳标确认身份,并针对每头猪胎次、体况和妊娠阶段等确定最佳喂料量,有利于控制母猪体况,减少饲料浪费。每头母猪在采食时,其他母猪不能进入饲喂站,确保采食不受干扰,没有争食。系统自动记录母猪开始采食时间、采食持续时间和离开时间,同时记录母猪的采食量。③自动分离特殊个体。群养模式下,一些返情、患病、需要注射疫苗的母猪等特殊个体,通过配套的自动分离器,能够对这些个体进行自动分离,减少应激。④自动监测母猪发情。

智能母猪群养管理系统可配套母猪查情系统，查情系统不间断监测母猪访问公猪的频率和时间，并判断母猪是否发情，对发情母猪进行喷墨标记，用自动分离器分离发情母猪。

6.1.3　应用案例

6.1.3.1　模式

智能母猪群养分静态群养和动态群养 2 种。①静态群养(图 6-3)。一个群养栏内放置 1 台母猪群养设备，饲养 40～60 头母猪，母猪群养期间不会有新的母猪加入，直到上产床前，群体规模不变。这种模式适应于基础母猪大于 1 000 头的规模猪场，可以实现全进全出。②动态群养(图 6-4)。一个群养栏内放置数台母猪群养设备，饲养母猪头数可达数百头，群体内母猪处于不同妊娠阶段，猪只流动性较大，即将分娩的母猪转群到产房，同时又加入新配种母猪。这种模式适应于基础母猪小于 800 头的规模猪场。采用何种模式并不固定，猪场可将静态群养和动态群养结合应用(图 6-5)。

图 6-3　静态模式

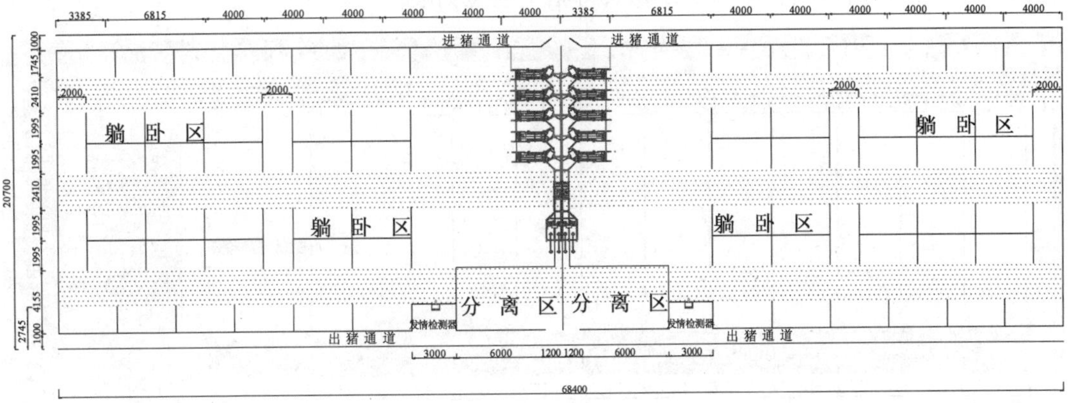

图 6-4　动态模式(单位：mm)

图 6-5　混合模式

母猪群养电子饲喂器固定在群养栏舍漏粪板地面上，母猪自由依次序进入饲喂站内采食。要求每头母猪躺卧区面积不少于 1 m^2，智能饲喂器料仓与饲料输送管线口连接，每台饲喂站可以支持 2 种饲料。

以为乐食智能饲喂站为例。建议配套移动手持管理器，使用 24 V 电源，把每套智能饲喂器的电源专用线缆和通讯线缆按次序对接好后，即可开启系统进入设备调试使用。经 2 周训练的母猪自如进入饲喂站采食。母猪进入饲喂站，耳朵上佩戴的电子耳牌靠近位于采食槽右侧的天线板，天线板扫描到耳牌，系统识别猪只并启动电机驱动绞龙给食槽投放饲料，饲料以每次小分量（自主设定）投放，投料同时下水装置开启、给食槽投水，母猪在饲喂站内不受打扰、安静地吃到水拌料。当母猪采食完毕，入口门开关自动开启，采食引导灯亮起，其他猪只顺次进入饲喂站采食。当母猪从饲喂站出口门通过时，出口门感应器感应信号，系统自动标记并生成母猪进站、出站时间。

6.1.3.2　喂料量设置

通过软件系统设置妊娠母猪饲喂曲线，指定每头母猪每日饲喂量，设置完成后保存参数，系统自动运行（图 6-6）；设置母猪每餐饲喂量及饲喂时段，设置完成后保存参数，系统自动运行（图 6-7）。系统曲线设置可以实现每头母猪个性化饲喂。

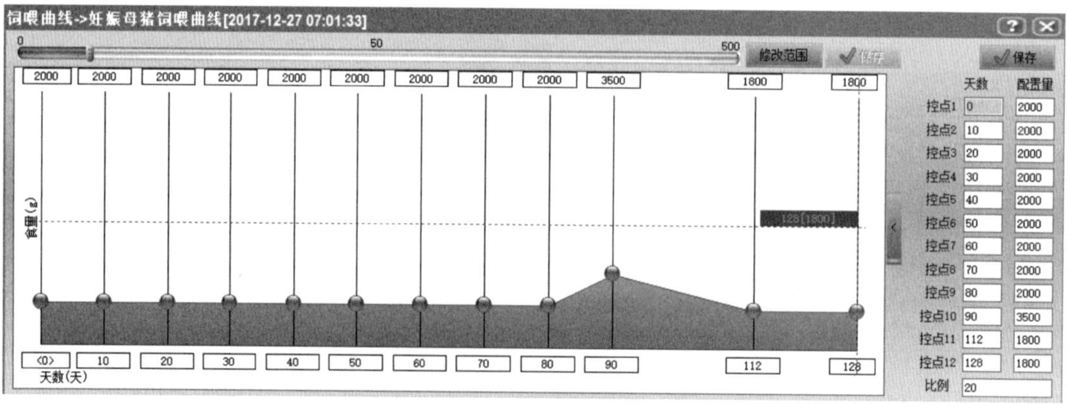

图 6-6　饲喂方案设置

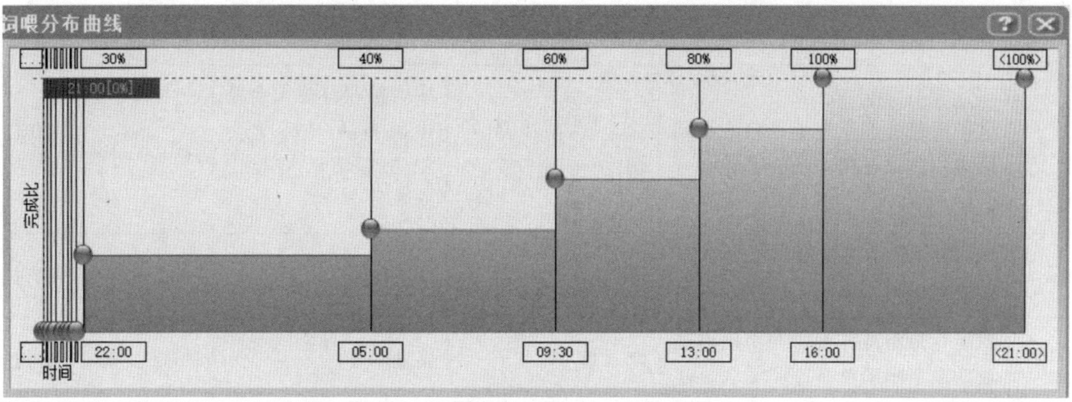

图 6-7　饲喂餐次及分餐比例设置

6.1.4　国内研究

国内系统研究电子母猪群养系统的文章较少，仅有 10 篇(表 6-1)，集中在 2015—2016 年(图 6-8)，表明近年来该系统使用面在不断扩大，研究内容主要集中在电子母猪群养系统对猪繁殖性能与猪福利等方面。

表 6-1　电子母猪群养系统文献目录(中国知网期刊库)

序号	题目	作者	来源	发表时间	数据库
1	电子饲喂模式对母猪福利、健康和生产水平的影响	李永辉	猪业科学	2016/8/25	期刊
2	电子母猪群养系统下母猪妊娠期体表损伤以及行为学的研究	涂金敏，叶健，傅金銮，王爱国	中国畜牧杂志	2016/6/25	期刊
3	母猪电子群养系统和个体限位栏系统繁殖性能及动物福利水平对比分析	顾宪红，张俊玲	畜牧兽医学报	2016/6/17	期刊
4	电子母猪群养系统和限位栏系统各品种繁殖性能的比较	涂金敏，叶健，傅金銮，王爱国	中国畜牧杂志	2016/3/25	期刊
5	母猪大栏智能群养系统关键技术研究进展	杨秀丽，张铁民，邢航，文晟，漆海霞	西北农林科技大学学报(自然科学版)	2016/3/14	期刊
6	电子母猪群养系统和限位栏系统猪繁殖性能的比较	涂金敏，傅金銮，叶健，王爱国	中国猪业科技大会暨中国畜牧兽医学会 2015 年学术年会论文集	2015/9/18	中国会议

续表 6-1

序号	题目	作者	来源	发表时间	数据库
7	电子母猪群养系统下母猪妊娠期体表损伤以及行为学的研究	涂金敏,傅金銮,叶健,王爱国	中国猪业科技大会暨中国畜牧兽医学会2015年学术年会论文集	2015/9/18	中国会议
8	母猪电子群养系统(ESF&TEAM)的应用前景	陈钦辉	北方牧业	2012/5/5	期刊
9	智能化母猪群养技术在中国养猪业的应用经验分析	李永辉	猪业科学	2011/12/25	期刊
10	智能化母猪群养在中国养猪生产中的应用	李永辉	中国猪业	2011/9/25	期刊

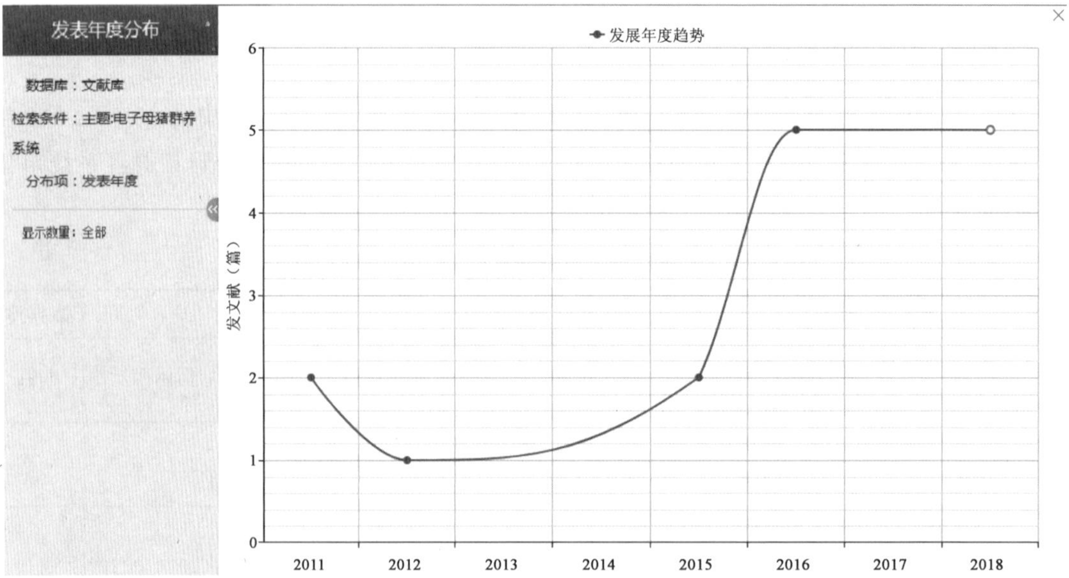

图 6-8 国内母猪群养系统研究文献年度分布图(中国知网期刊库)

6.2 泌乳母猪智能饲喂系统

最大化保障泌乳母猪采食量,是解决母猪泌乳、减少哺乳期失重、提高断奶后母猪一周内发情率的重要手段。创建于1994年的加拿大JYGA科技有限公司是全球畜牧业母猪分娩期饲喂管理的领导者,开发出世界上第一套智能化泌乳母猪饲喂系统Gestal(中文名佳饲达,图6-9)。截至2010年,加拿大魁北克省超过30%以上的母猪、北美有超过125 000头的母猪使用该系统。2010年,广西金德原种猪场国内首家引进使用加拿大Gestal饲喂器以来(梁龙华等,2016),广西海和原种猪场、北京顺鑫农业茶棚原种猪场、湖南唐人神美神原种猪场等相继引进该系统饲养产房母猪。之后荷兰、法国、美国、韩国等国的产品先后进入中国。国内武汉凯风华科智农科技有限公司等也相继研发成功类似产品。该系统让设备与设备实现通讯与交互，设备与猪只实现主动需求及供应互动，设备、猪与饲养员实现实时交互。

图 6-9　佳饲达泌乳母猪饲料控制器

6.2.1　系统组成

该系统由食料传感器、泌乳猪饲料控制器(图 6-10)、喂料控制软件(图 6-11)等组成，佳饲达系统通过佳饲达天线(图 6-12)实现饲料控制器与软件的数据传输。传感器安装在产床料槽内，母猪通过拱动电子感应器发出索要食物和水的信息。传感器传递信息到饲料控制器，控制器按照预先设定参数自动下放一定量饲料供母猪采食。喂料控制软件用于设定饲喂量、饲喂餐次、单次下料量等。国内部分设备配套有拌料、下水控制设备。

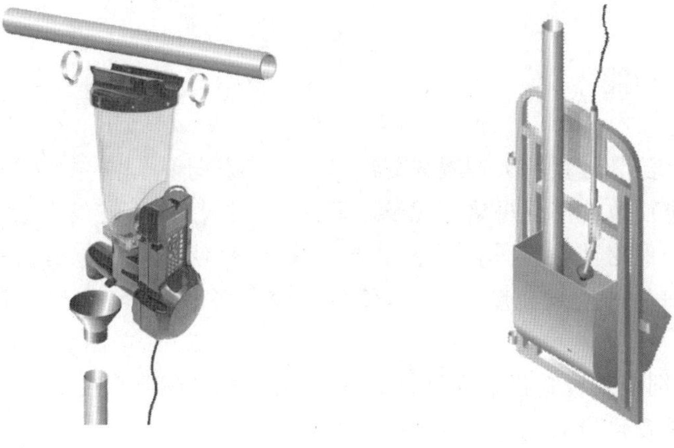

图 6-10　食料传感器与饲料控制器连接图

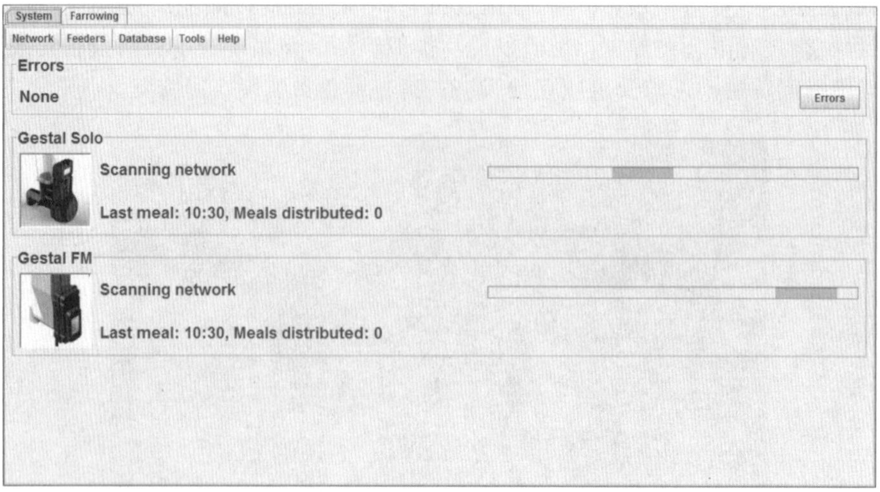

图 6-11　泌乳母猪智能饲喂系统软件

图 6-12　佳饲达天线 Solo 与 F_2

6.2.2　主要功能

多年实践证明,泌乳母猪每天饲喂6餐次最佳。泌乳母猪饲喂系统采用少食多餐方式以增加母猪采食量,进而改善泌乳母猪体况及泌乳能力。运用该系统的母猪每天可以获得多餐精确且连续饲喂,确保泌乳母猪采食量和泌乳量最大化,使母猪可以分泌更多奶水以哺乳仔猪,加快仔猪断奶前后的生长速度。同时,使母猪储备各种营养,实现母猪从分娩到断奶的健康。

泌乳母猪智能饲喂系统真正实现每天24 h运用个性化饲喂曲线,根据母猪采食需求进行精准化饲喂,达到采食量最大化。

该系统可以实时监测并提供母猪采食情况数据,生成大量报告,为猪场精确地了解、分析猪群及个体母猪采食情况提供数据依据。

6.2.3　应用案例

佳饲达泌乳母猪智能饲喂系统应用示意图见图 6-13。

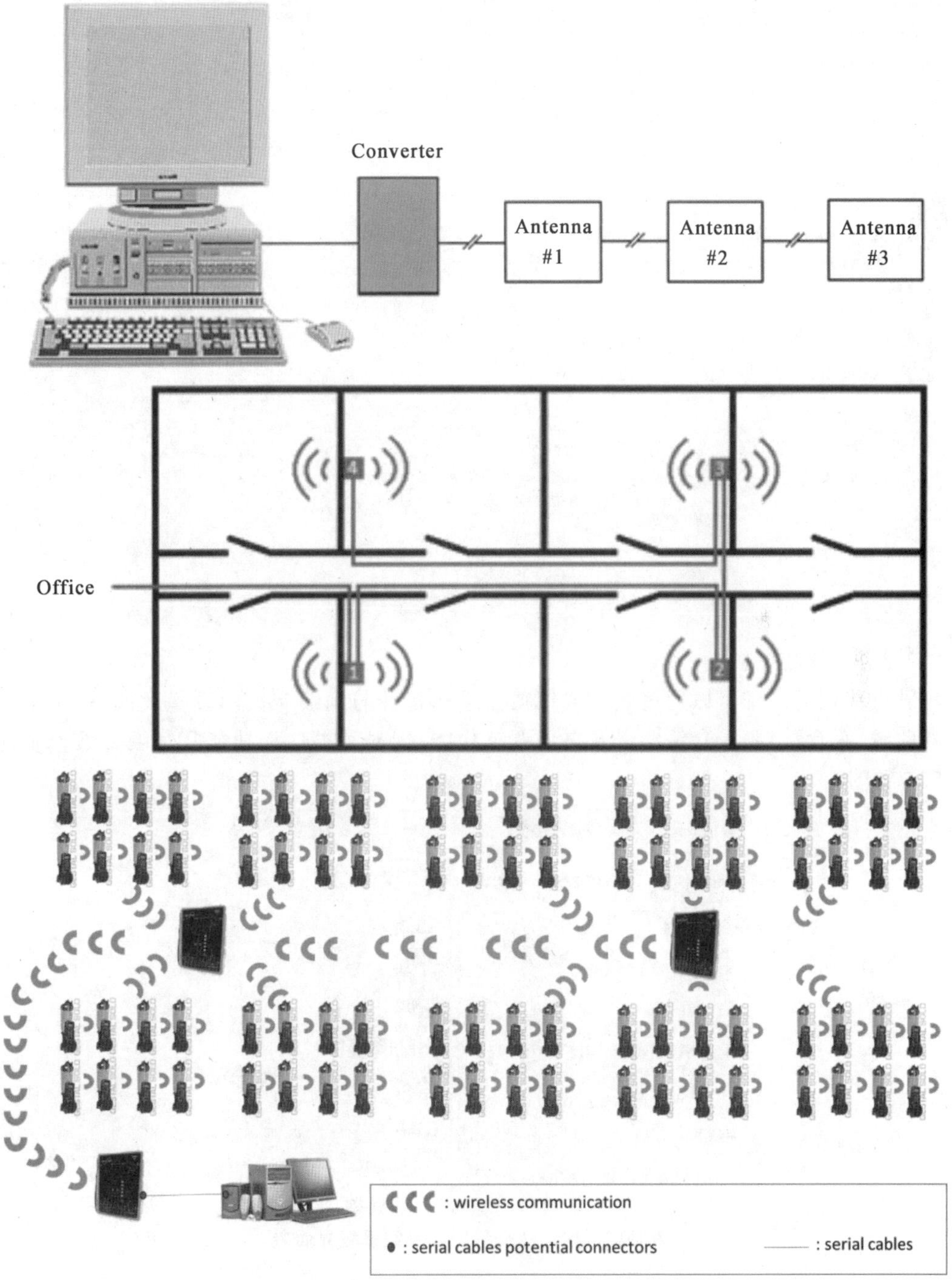

图 6-13　泌乳母猪智能饲喂系统应用示意图

6.2.3.1 设备安装

将智能饲喂器接料口与饲料输送管线下料口对齐，用固定管件将智能饲喂器固定在饲料输送管线上，投料口与前门下料管喇叭口对齐。使用220 V电源，把智能饲喂器电源专用线缆按次序对接连好，即可开启系统调试使用(图6-14)。

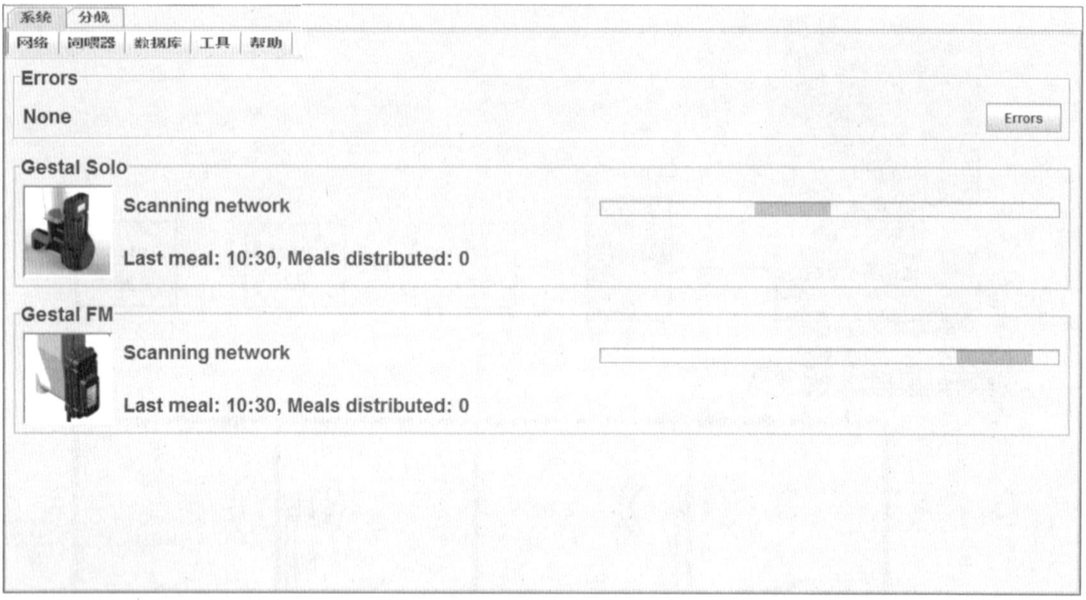

图6-14 饲喂器调试设置界面

6.2.3.2 饲喂设置

泌乳母猪饲喂系统可以通过软件或饲喂器进行各种与饲喂有关的设置及调整：个性化母猪饲喂曲线、采食计划、采食策略以及自动调整功能、饲料种类选择功能及饲喂参数设置功能(图6-15和图6-16)。

图6-15 佳饲达母猪饲喂系统设置界面

佳饲达系统还可以设置其他饲喂参数，如：在第几天饲喂、每餐最大采食量、刺激性下料量、刺激频率、饲喂器键盘上低采食量警报延迟时间、饲喂器键盘上添加母猪饲喂参数等。

图 6-16　为乐食设置界面

根据母猪哺乳仔猪的数量与体重等确定母猪日采食量，在软件泌乳(哺乳)母猪饲喂曲线内设置母猪每日饲喂量，完成后保存设置参数，系统自动运行，实现了对每头泌乳母猪的个性化饲喂。佳饲达设计标准为 1 d 6 餐次，每餐次内下料间隔 15 min (图 6-17)；为乐食可以设置 12 个采食点(图 6-18)。

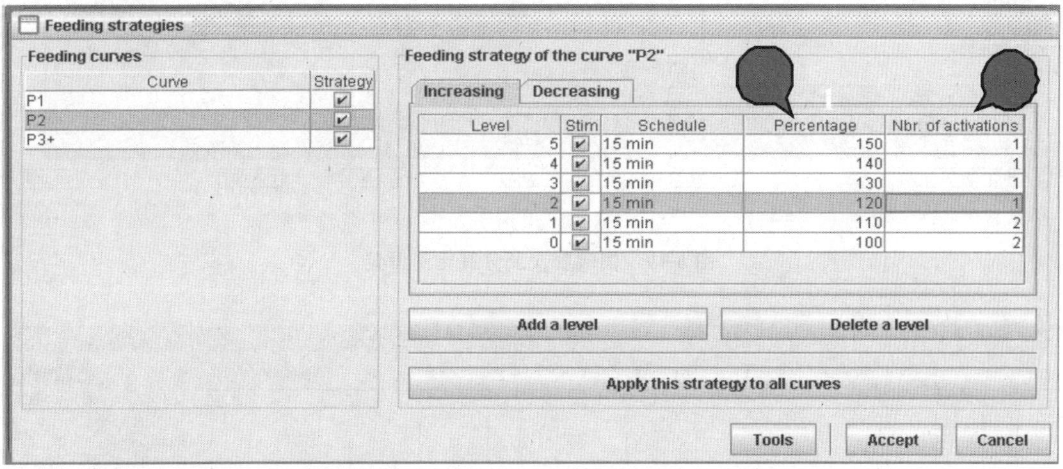

图 6-17　佳饲达泌乳母猪智能饲喂系统设置界面

系统环境变量为母猪设置每餐饲喂量及饲喂时段，完成后保存设置参数，系统自动运行(图 6-19)。

部分国内设施提供了水料比设置，实现了泌乳母猪采食稀料(图 6-20)。

6.2.3.3　实时信息查看

泌乳母猪采食实时信息见图 6-21 和图 6-22。

佳饲达泌乳母猪智能饲喂系统设置了母猪采食检查功能(图 6-23)。饲喂器面板上灯的显示，直观地说明母猪采食情况。采食灯显示正常，料槽无残留饲料，说明母猪采食很好，且无浪费；如果采食灯显示黄色，料槽有残留饲料，说明母猪采食较少。

佳饲达泌乳母猪智能饲喂系统可以对特殊母猪加以识别和处理，重点关注采食情况异常猪只并及时进行调整，防止采食量低或浪费。猪场人员可运用系统自动打印报告开展检查。

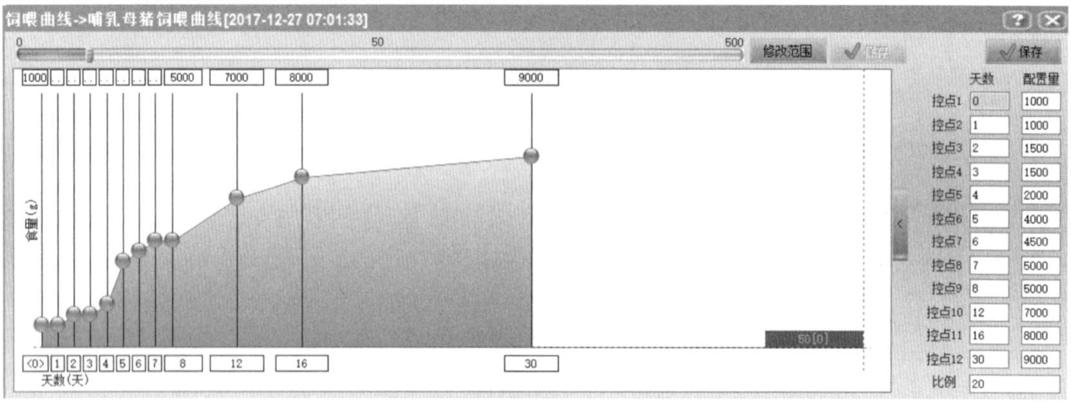

图 6-18　为乐食母猪不同泌乳日采食曲线设置界面

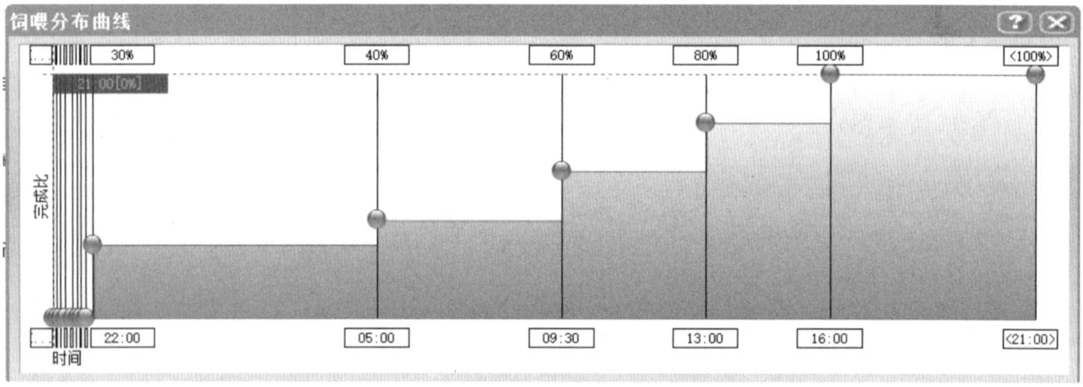

图 6-19　饲喂餐次及分餐比例设置

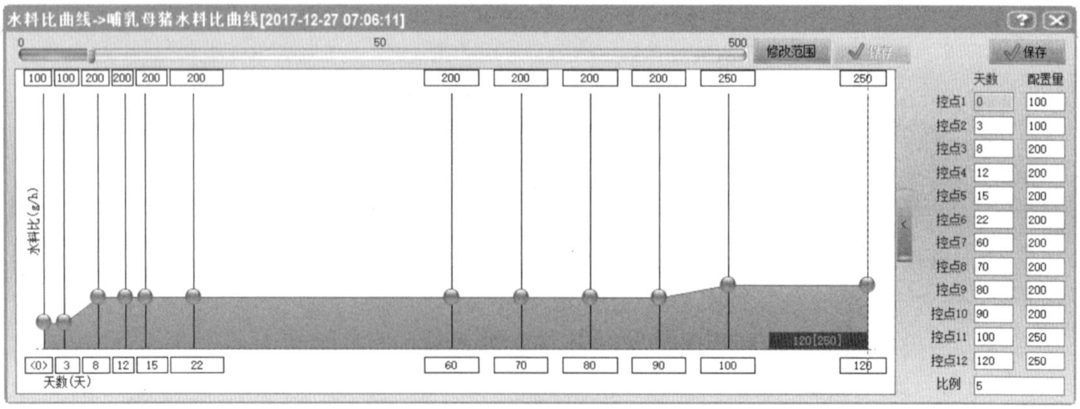

图 6-20　水料比例设置界面

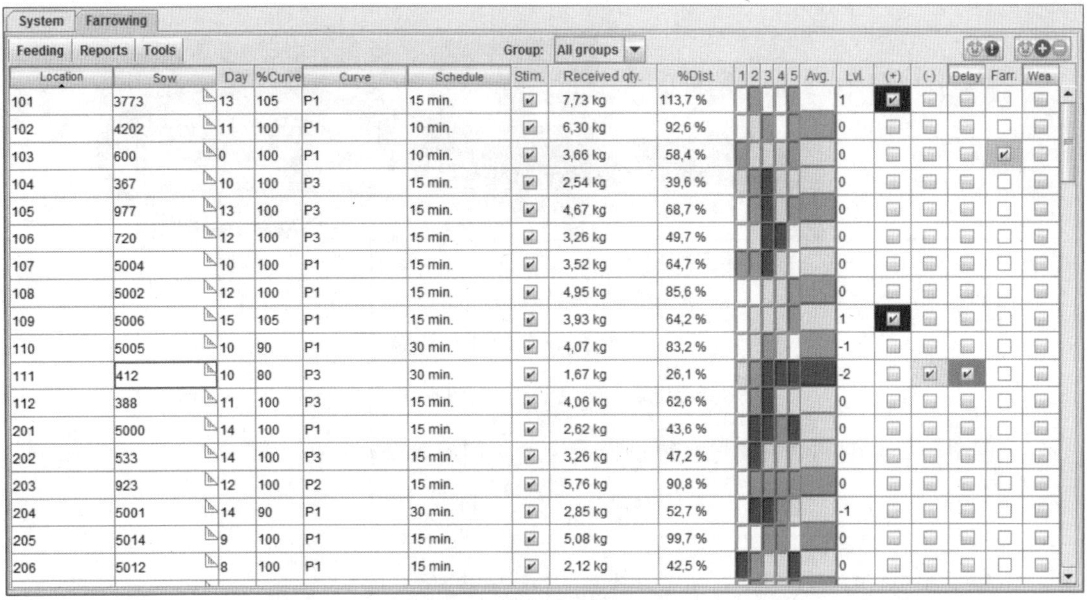

Location	Sow	Day	%Curve	Curve	Schedule	Stim.	Received qty.	%Dist.	1	2	3	4	5	Avg.	Lvl.	(+)	(-)	Delay	Farr.	Wea.
101	3773	13	105	P1	15 min.	✔	7,73 kg	113,7 %							1	✔				
102	4202	11	100	P1	10 min.	✔	6,30 kg	92,6 %							0					
103	600	0	100	P1	10 min.	✔	3,66 kg	58,4 %							0				✔	
104	367	10	100	P3	15 min.	✔	2,54 kg	39,6 %							0					
105	977	13	100	P3	15 min.	✔	4,67 kg	68,7 %							0					
106	720	12	100	P3	15 min.	✔	3,26 kg	49,7 %							0					
107	5004	10	100	P1	15 min.	✔	3,52 kg	64,7 %							0					
108	5002	12	100	P1	15 min.	✔	4,95 kg	85,6 %							0					
109	5006	15	105	P1	15 min.	✔	3,93 kg	64,2 %							1	✔				
110	5005	10	90	P1	30 min.	✔	4,07 kg	83,2 %							-1					
111	412	10	80	P3	30 min.	✔	1,67 kg	26,1 %							-2		✔	✔		
112	388	11	100	P3	15 min.	✔	4,06 kg	62,6 %							0					
201	5000	14	100	P1	15 min.	✔	2,62 kg	43,6 %							0					
202	533	14	100	P3	15 min.	✔	3,26 kg	47,2 %							0					
203	923	12	100	P2	15 min.	✔	5,76 kg	90,8 %							0					
204	5001	14	90	P1	30 min.	✔	2,85 kg	52,7 %							-1					
205	5014	9	100	P1	15 min.	✔	5,08 kg	99,7 %							0					
206	5012	8	100	P1	15 min.	✔	2,12 kg	42,5 %							0					

图 6-21　佳饲达软件中泌乳母猪采食实时信息界面

图 6-22　为乐食软件中泌乳母猪采食实时信息界面

佳饲达系统提供了各种报告功能，包括过去饲料消耗报告、采食历史记录报告、日消耗统计报告、断奶时的饲料消耗报告、每餐的饲料消耗报告（图 6-24）、所有猪群某时间段内总采食量对比报告、每天每头母猪饲料消耗报告（图 6-25）、个体母猪每个泌乳期采食量报告、每阶段采食量报告等。

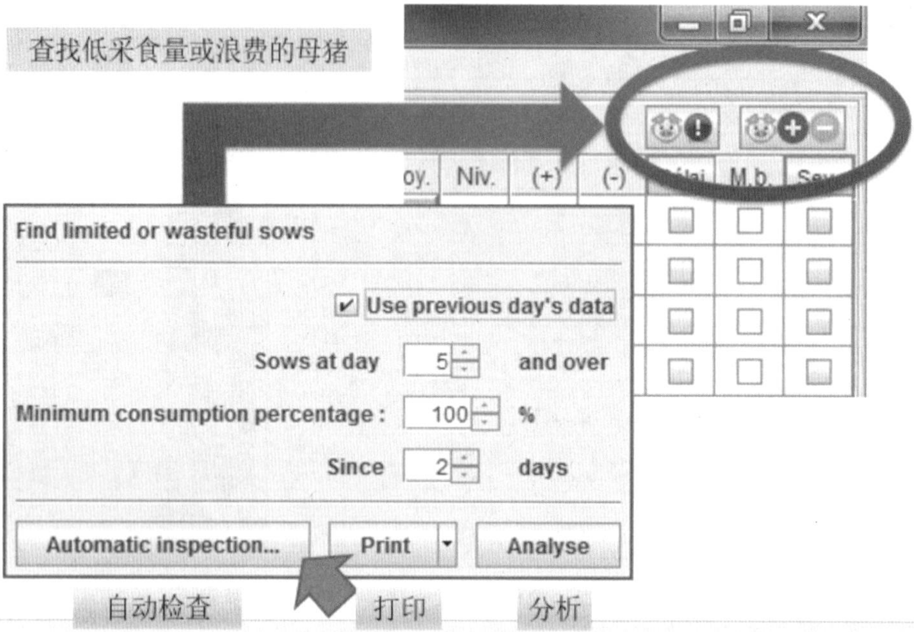

图 6-23　佳饲达母猪采食检查系统

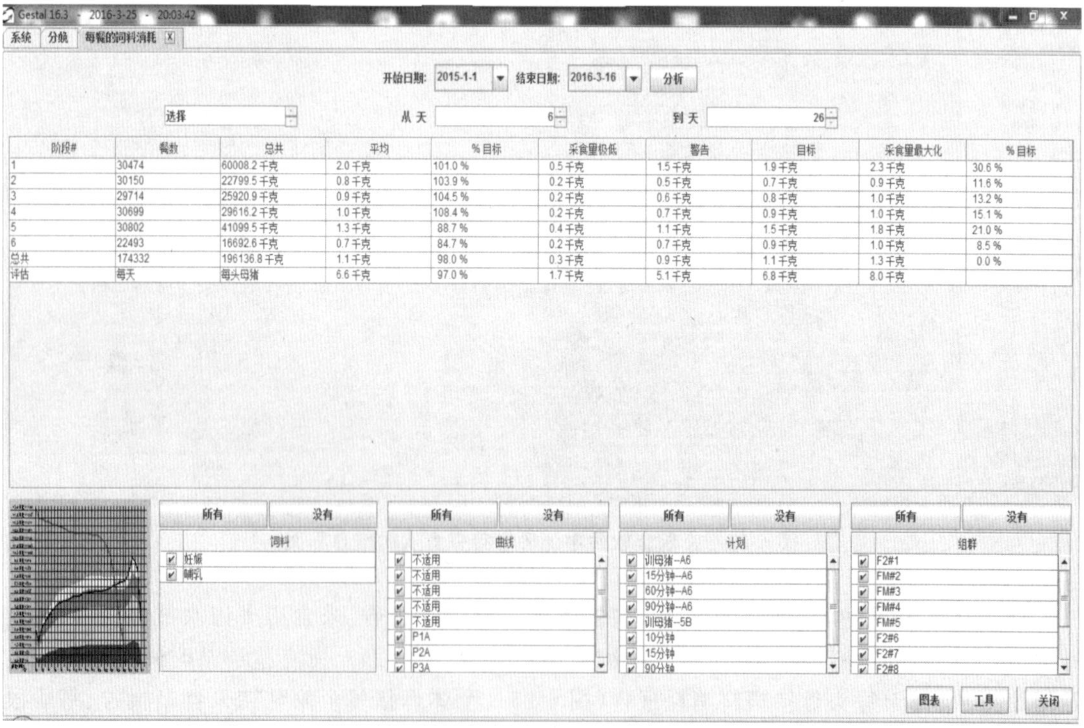

阶段#	餐数	总共	平均	% 目标	采食量极低	警告	目标	采食量最大化	% 目标
1	30474	60008.2 千克	2.0 千克	101.0 %	0.5 千克	1.5 千克	1.9 千克	2.3 千克	30.6 %
2	30150	22799.5 千克	0.8 千克	103.9 %	0.2 千克	0.5 千克	0.7 千克	0.9 千克	11.6 %
3	29714	25920.9 千克	0.9 千克	104.5 %	0.2 千克	0.6 千克	0.8 千克	1.0 千克	13.2 %
4	30699	29616.2 千克	1.0 千克	108.4 %	0.2 千克	0.7 千克	0.9 千克	1.0 千克	15.1 %
5	30802	41099.5 千克	1.3 千克	88.7 %	0.4 千克	1.1 千克	1.5 千克	1.8 千克	21.0 %
6	22493	16692.6 千克	0.7 千克	84.7 %	0.2 千克	0.7 千克	0.9 千克	1.0 千克	8.5 %
总共	174332	196136.8 千克	1.1 千克	98.0 %	0.3 千克	0.9 千克	1.1 千克	1.3 千克	0.0 %
评估	每天	每头母猪	6.6 千克	97.0 %	1.7 千克	5.1 千克	6.8 千克	8.0 千克	

图 6-24　佳饲达系统分餐饲料报告表

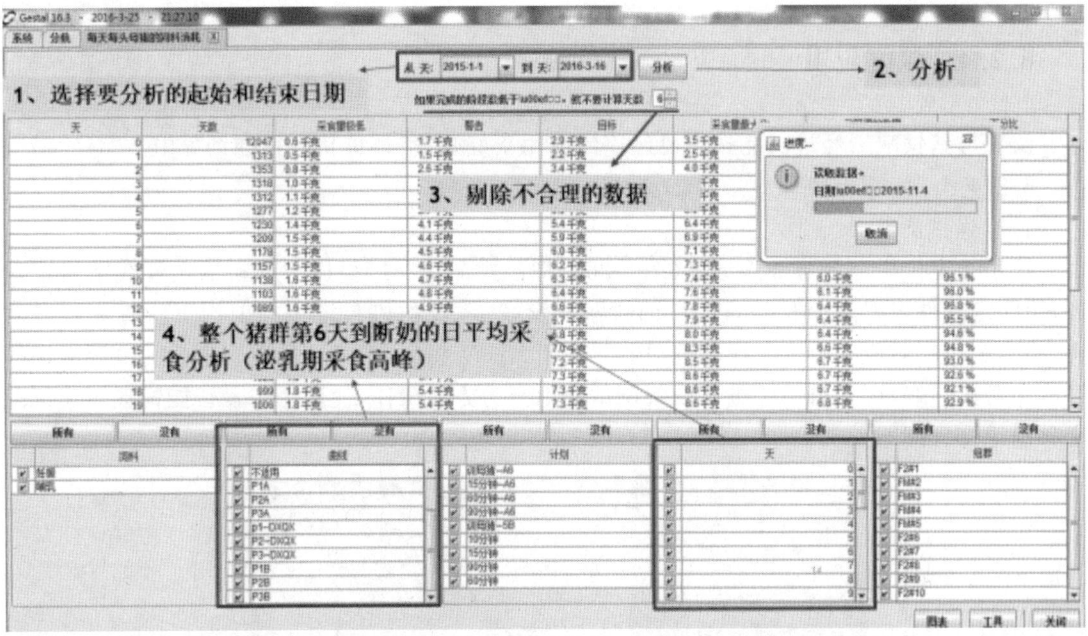

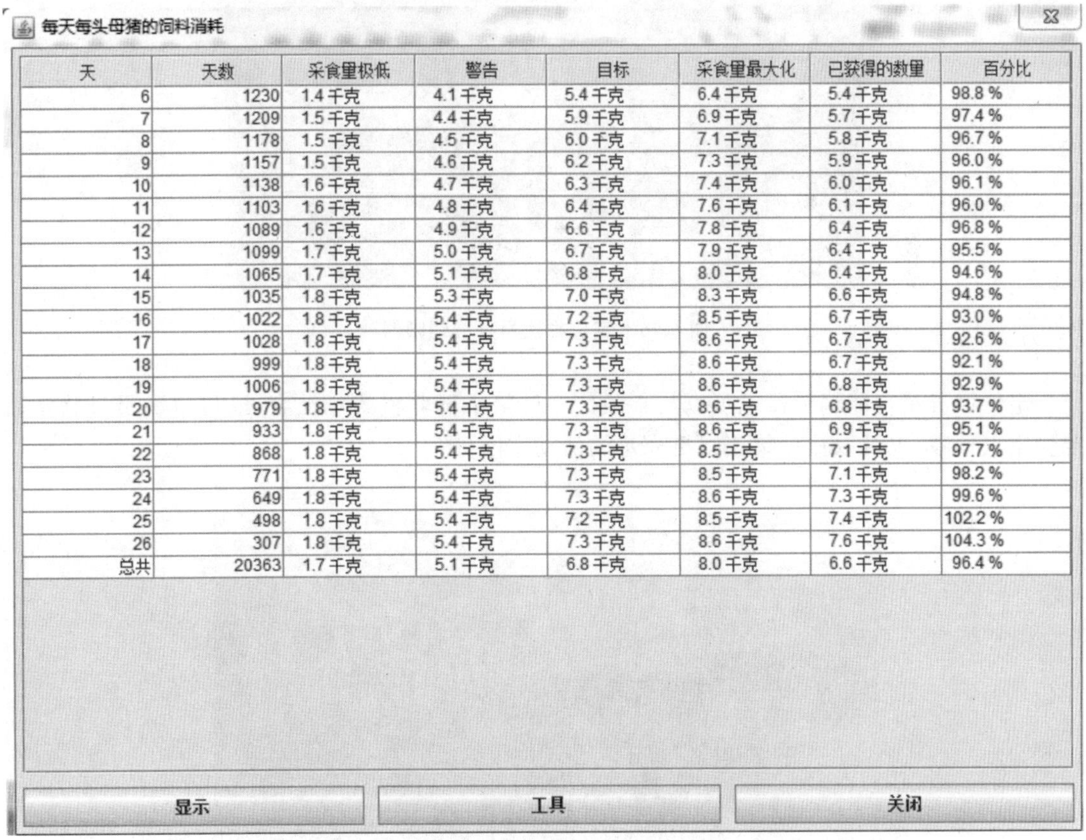

天	天数	采食量极低	警告	目标	采食量最大化	已获得的数量	百分比
6	1230	1.4 千克	4.1 千克	5.4 千克	6.4 千克	5.4 千克	98.8 %
7	1209	1.5 千克	4.4 千克	5.9 千克	6.9 千克	5.7 千克	97.4 %
8	1178	1.5 千克	4.5 千克	6.0 千克	7.1 千克	5.8 千克	96.7 %
9	1157	1.5 千克	4.6 千克	6.2 千克	7.3 千克	5.9 千克	96.0 %
10	1138	1.6 千克	4.7 千克	6.3 千克	7.4 千克	6.0 千克	96.1 %
11	1103	1.6 千克	4.8 千克	6.4 千克	7.6 千克	6.1 千克	96.0 %
12	1089	1.6 千克	4.9 千克	6.6 千克	7.8 千克	6.4 千克	96.8 %
13	1099	1.7 千克	5.0 千克	6.7 千克	7.9 千克	6.4 千克	95.5 %
14	1065	1.7 千克	5.1 千克	6.8 千克	8.0 千克	6.4 千克	94.6 %
15	1035	1.8 千克	5.3 千克	7.0 千克	8.3 千克	6.6 千克	94.8 %
16	1022	1.8 千克	5.4 千克	7.2 千克	8.5 千克	6.7 千克	93.0 %
17	1028	1.8 千克	5.4 千克	7.3 千克	8.6 千克	6.7 千克	92.6 %
18	999	1.8 千克	5.4 千克	7.3 千克	8.6 千克	6.7 千克	92.1 %
19	1006	1.8 千克	5.4 千克	7.3 千克	8.6 千克	6.8 千克	92.9 %
20	979	1.8 千克	5.4 千克	7.3 千克	8.6 千克	6.8 千克	93.7 %
21	933	1.8 千克	5.4 千克	7.3 千克	8.6 千克	6.9 千克	95.1 %
22	868	1.8 千克	5.4 千克	7.3 千克	8.5 千克	7.1 千克	97.7 %
23	771	1.8 千克	5.4 千克	7.3 千克	8.5 千克	7.1 千克	98.2 %
24	649	1.8 千克	5.4 千克	7.3 千克	8.6 千克	7.3 千克	99.6 %
25	498	1.8 千克	5.4 千克	7.2 千克	8.5 千克	7.4 千克	102.2 %
26	307	1.8 千克	5.4 千克	7.3 千克	8.6 千克	7.6 千克	104.3 %
总共	20363	1.7 千克	5.1 千克	6.8 千克	8.0 千克	6.6 千克	96.4 %

图 6-25　佳饲达系统每天每头母猪饲料消耗统计表

6.2.4 深度应用

泌乳母猪饲喂器经过功能拓展已经广泛应用于妊娠、空怀母猪的精准饲养中。

6.2.4.1 妊娠母猪

1. 限位栏使用

适用于定位栏空怀与妊娠母猪(图 6-26),将智能饲喂器接料口与饲料输送管线下料口对齐,用固定管件将智能饲喂器固定在饲料输送管线上,投料口与定位栏前门下料管喇叭口对齐,每套定位栏对应安装1套智能饲喂器。使用220 V供电,把每套智能饲喂器的电源专用线缆次序对接连好,可开启系统进入设备调试使用。为方便操作,使用为乐食智能饲喂器建议配套移动手持管理器。

图 6-26 定位栏使用智能饲喂器

定位栏母猪智能饲喂器也可以与半限位栏母猪小群养模式相结合,既可以满足母猪定时定量定点饲喂,也可以让母猪获得更充足的活动空间(图 6-27)。

图 6-27 半限位栏使用智能饲喂器

2. 小群使用

佳饲达 3G，创新妊娠母猪自由进出小群养饲喂系统，在群养状态下使用佳饲达 3G 对个体母猪进行精确饲喂，成本更低（降低 25%左右），并减少采食争斗，与电子饲喂站相比更容易使用、无需训猪。每套佳饲达 3G 系统可以管理 15～20 头母猪或后备猪，适用于任何规模猪场，投料量精准可靠，母猪初次进站其身份数据即自动保存到数据库中，妊娠饲喂曲线与哺乳饲喂曲线关联，便于管理。系统符合母猪行为、福利需求以及高水平畜牧业绩效、劳动效率、经济和环境可行性管理（图 6-28）。

图 6-28　佳饲达 3G 母猪小群饲喂

佳饲达 3G 容易低成本改造，适用于任何规模猪场。与电子饲喂站比较，佳饲达 3G 有以下管理优势。

①每套佳饲达 3G 可饲喂 15～20 头母猪。

②可以将母猪与后备猪混合，平均每头猪占地 1.67 m^2。

③灵活实用(10头母猪以上任何规模猪场都可使用)。

④母猪进出饲喂站无应激或压力。

⑤母猪及后备猪都可自我适应。

⑥母猪初次进站其身份数据即自动保存到数据库中。

⑦投料量精确可靠。

⑧与佳饲达哺乳期曲线相关联。

⑨例外情况会有警报。

⑩生物安全性：猪场外容易维护，可以远程进行。

⑪最少的人力需求对母猪和后备猪进行培训。

⑫后备猪5～10头/饲喂站的比例下可自我适应。

⑬栏体开放式，帮助后备猪学习进入栏体并采食。

⑭培训无人力因素的压力。

⑮一个猪栏内多个栏体门，后备猪容易学习进入栏体。

6.2.4.2 猪行为研究

1. 采食时间分析

母猪饲喂器的使用为研究母猪采食行为提供了极大方便。为乐食系统用采食量平均值做时间分布，可以得到采食时间分布值(图6-29)。

不同饲养日、不同时间段的采食量三维分布图见图6-30。

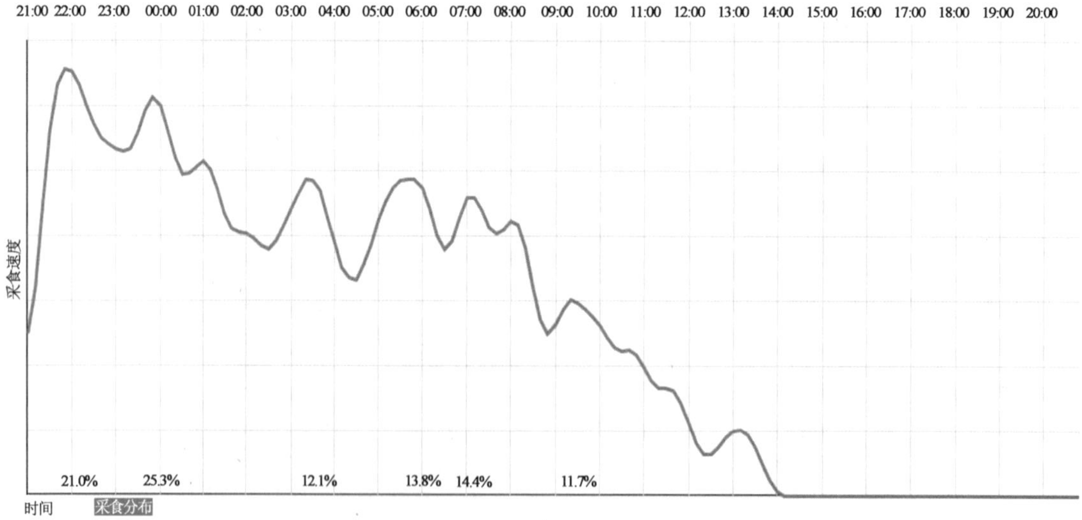

图6-29　500头母猪1 d内的采食时间分布图

2. 采食量分析

采食量用于统计猪对计划量的完成程度。图6-31A中蓝色曲线为计划量，紫色曲线为实际完成量。完成量与计划量并不重合，经常低于计划量。该图表明这头猪采食量比较差，自然采食能力较弱。

这里引入采食时权指标，指猪采食一次下料量的比重。图6-31B中，蓝色曲线为计划量，玫红色曲线为完成量，红色曲线为时权线。

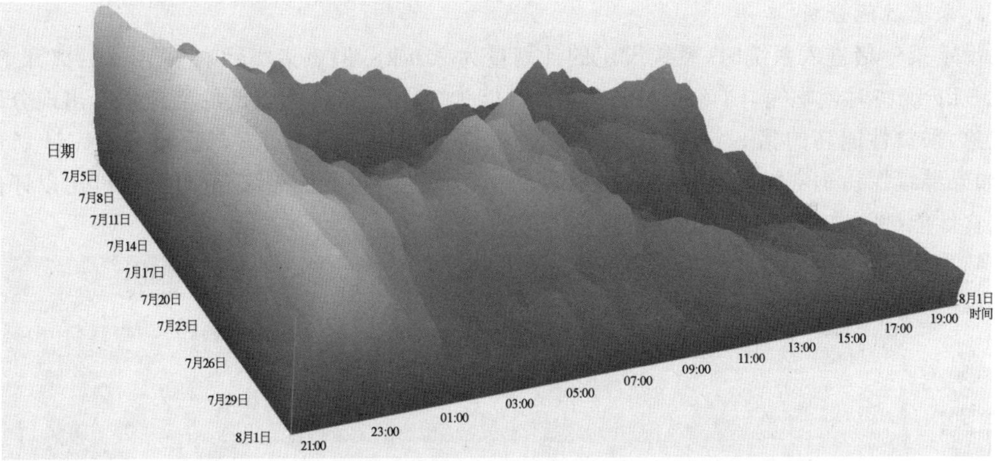

图 6-30 不同饲养日、不同时间段采食量分布图(另见彩插)

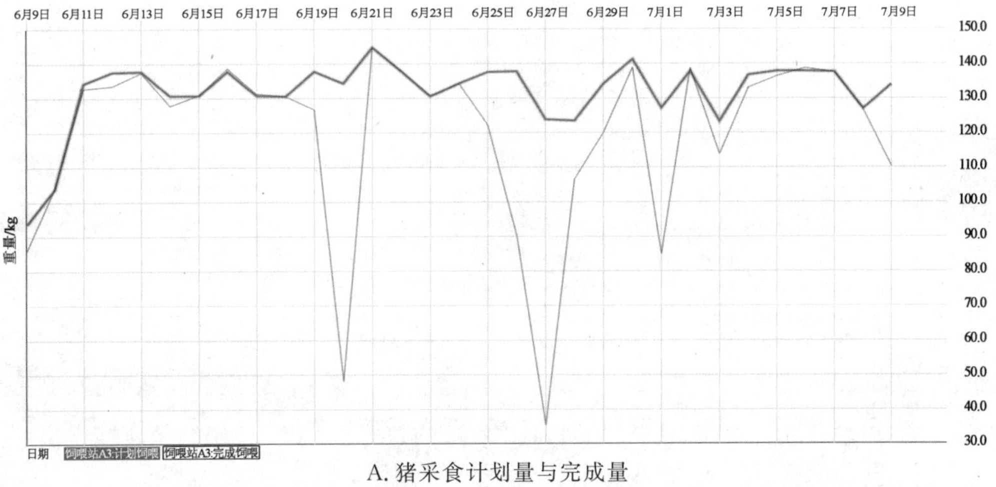

A. 猪采食计划量与完成量

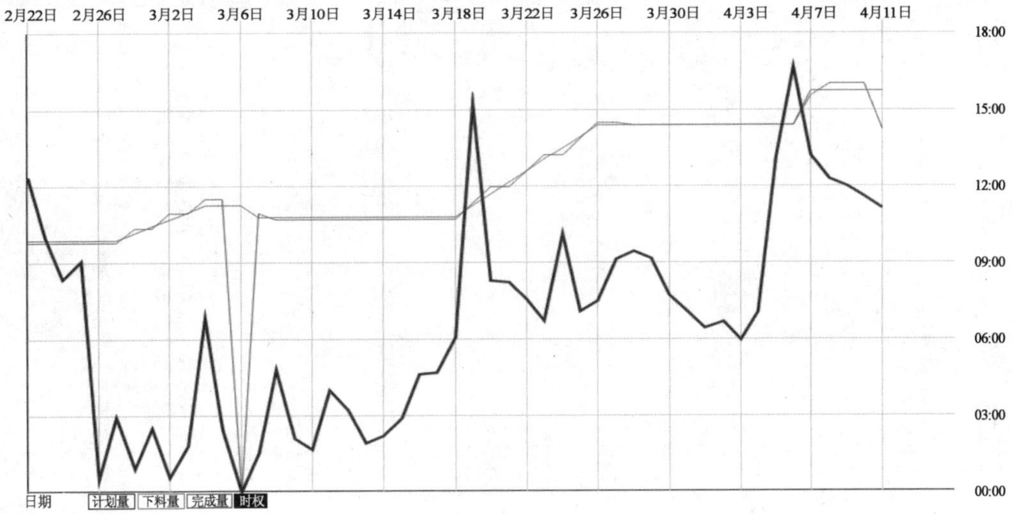

B. 猪采食时权图

图 6-31 猪采食计划量、完成量与时权图(另见彩插)

3. 采食性能分析

设定某一猪进入系统时，系统设定的计划量为 2.0 kg，但该猪实际吃 1.5 kg 后离开了，剩余 0.5 kg 晚些时候吃完，则该猪一次性采食性能为 75%。采食性能低的猪经常会出现分段采食现象，采食性能高的猪一定是一次吃完，一次性采食性能为 100%。已经采食完计划量的猪，如果继续探访饲喂站，表明该猪的较高食欲与满足度，两个指标综合应用，可以用以评价猪的采食性能(图 6-32 至图 6-35)。

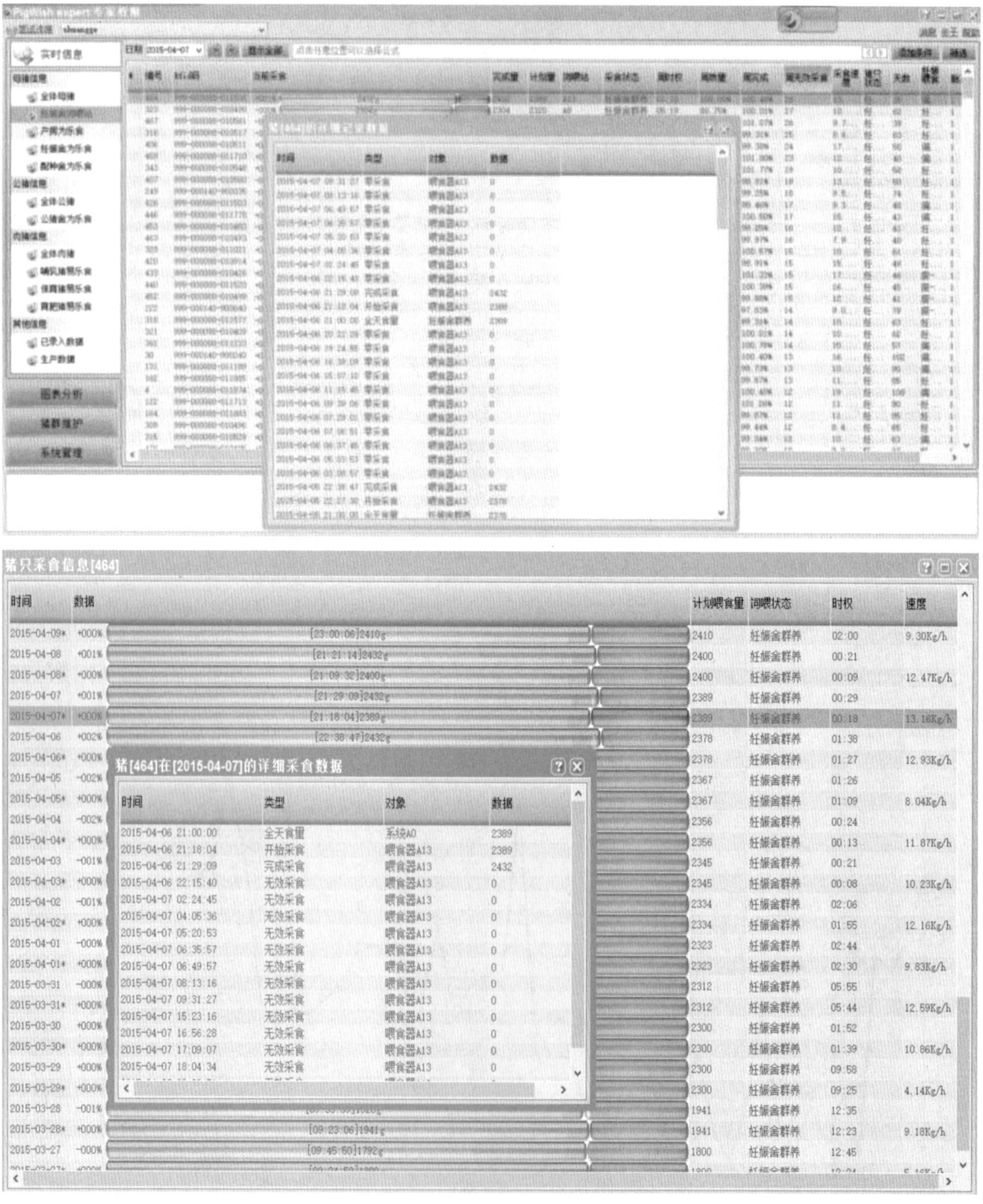

图 6-32 采食次数与时间点分析图

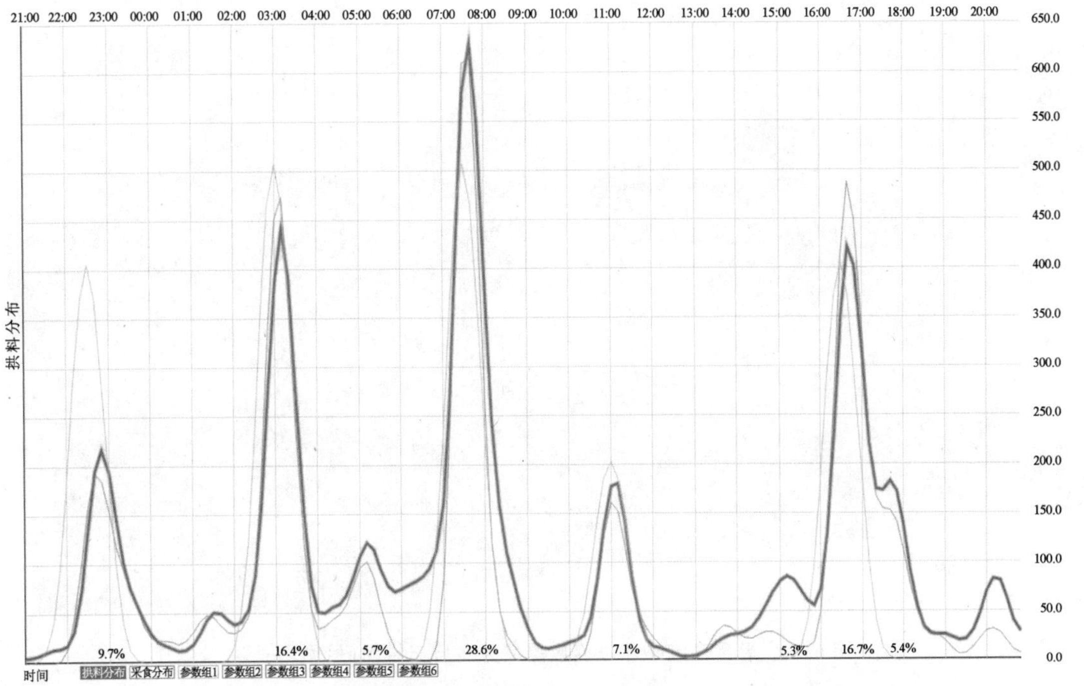

图 6-33　母猪触碰料槽感应器信号 24 h 分布图

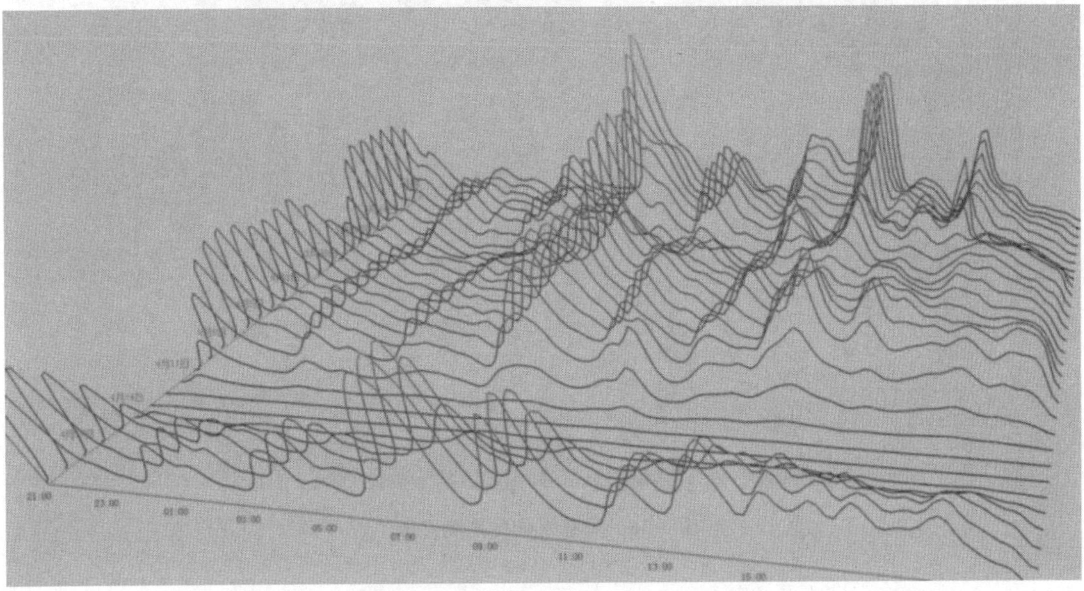

图 6-34　母猪群触碰料槽感应器信号多日分布图(另见彩插)

我国猪智能精准饲喂起步于种猪性能测定系统，在图像、声音等鉴别技术的推动下，猪发情(图 6-36)、疾病早期诊断等的智能化也在深入推进。

图 6-35　母猪群触碰料槽感应器信号多日三维图(另见彩插)

图 6-36　母猪发情智能测定器

参考文献

[1] 梁龙华,覃小荣,柏秀芳,等. Gestal 系统在产房母猪中的应用研究[J]. 饲料研究,2016(4):42.

[2] 王开云. 智能型母猪群养管理系统的应用[J]. 猪业科学,2016(01):96.

第 7 章

猪场生产精准管理

本章内容提要

生猪精准饲养的基础是精准管理，没有管理精准饲养无从谈起。精准管理是对猪场数据的管理，猪场数据管理要求及时、准确。我国猪场进入管理要素驱动是近 5 年的事情，是我国经济进入新常态后产生的，是猪场规模化与效益微利化的结果，是移动互联网技术助力的产物。本章系统阐述了猪场的主要生产数据及其评价方法，回顾了数据管理手段的变迁，提出了未来的基本走势。

生猪精准生产一靠精准养殖、二靠精准管理。改革开放初期，猪场小、产业处于发展成长期，利润大，人们对管理的重视程度不高。目前生猪生产已经进入成熟发展的初期，规模不断扩大，利润逐步下降，管理成为猪场发展的重要动力源。标记性的事件有：

加强畜禽养殖管理是改革开放 40 年来畜牧业发展中的一项里程碑事件，尽管尚在进一步完善中，但是适应国情的畜牧业发展的基本走向。2007 年，农业部下发《关于加强畜禽养殖管理的通知》(农牧发〔2007〕1 号)，标记着我国生猪养殖管理进入制度化轨道。通知明确指出，建立养殖档案是落实畜禽产品质量责任追究制度，保障畜禽产品质量的重要基础，是加强畜禽养殖场管理，建立和完善动物标识及疫病可追溯体系的基本手段。

2015 年环保“水十条”实施后，我国猪场规模化迅猛发展，过去的“万头猪场”都成为小猪场，五千头基础母猪、繁殖猪与肉猪两点式饲养的模式基本成为猪业的标准配置，在此背景下，猪场生产管理成为制约猪场发展的第一要素。猪场精准管理越来越依靠生产数据，单凭人的管理已经变得越来越艰难。为此，以生猪数据为基础，高效管理平台、企业管理平台、政府行业平台大量涌现，数据智能化采集、云计算的管理推动了生猪饲养与生产管理的信息化，成为改革开放 40 年末的一大亮点，成为推动我国生猪现代化的强大动力。

猪场生产管理与信息化的重大事件有：

1986年,江苏农科院曹巨生等在《畜牧兽医学报》第3期发表“种猪数据档案库和若干应用软件的研制”(图7-1),是查到的最早研究猪数据管理的文献(曹巨生等,1986)。

2014年,北京养猪育种中心卢纪和在《猪业观察》第4期发表了猪场数据的采集、分析与管理,显示数据管理成为猪场的重要内容(卢纪和,2014)。

2016年,《猪业科学》第9期专题发表组稿猪场数据管理(崔振宇,2016)。

猪场生产精准管理涉及原始数据采集、数据利用挖掘与数据管理系统构建三大主要内容。随着移动互联的普及应用,现代信息技术已经成为猪业生产精准管理的主要技术。

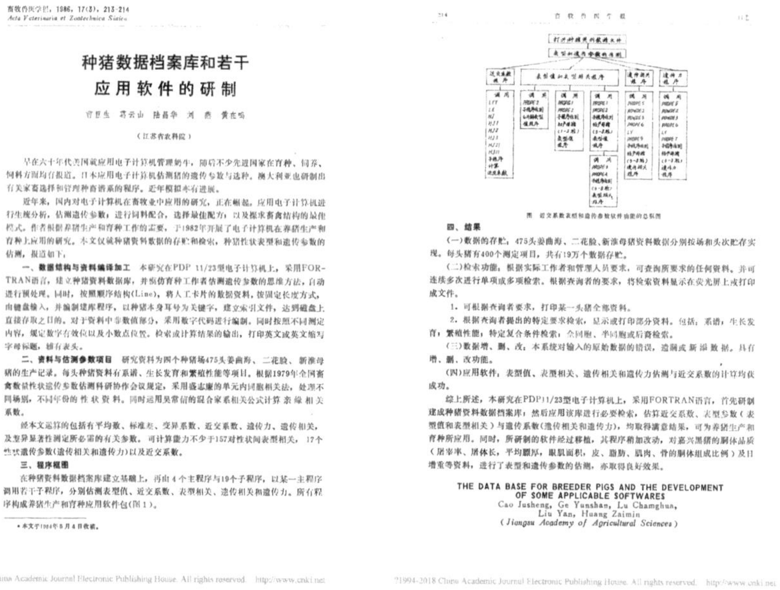

畜牧兽医学报, 1986, 17(3), 213-214
Acta Veterinaria et Zootechnica Sinica

种猪数据档案库和若干应用软件的研制

曹巨生 葛云山 陆昌华 刘 燕 黄在鸣

(江苏省农科院)

早在六十年代美国就应用电子计算机管理奶牛,随后不少先进国家在育种、饲养、饲料方面均有报道。日本应用电子计算机估测猪的遗传参数与选种。澳大利亚也研制出有关家畜选择和管理种畜谱系的程序。近年报道亦有进展。

近年来,国内对电子计算机在畜牧业中应用的研究,正在崛起。应用电子计算机进行生梳分析,估测遗传参数,进行饲料配合,选择最佳配方,以及探求畜禽结构的最佳模式。作者根据养猪生产和育种工作的需要,于1982年开展了电子计算机在养猪生产和育种上应用的研究。本文仅就种猪资料数据的存贮和检索,种猪性状表型和遗传参数的估测,报道如下:

一、数据结构与资料编译加工 本研究在PDP 11/23型电子计算机上,采用FORTRAN语言,建立种猪资料数据库,并模仿育种工作者估测遗传参数的思维方法,自动进行预处理。同时,按照顺序结构(Line),将人工卡片的数据资料,按固定长度方式,由键盘输入,并编制建库程序,以种猪本身耳号为关键字,建立索引文件,达到磁盘上直接存取之目的。对于资料中非数值部分,采用数字代码进行编制。同时按照不同测定内容,规定数字有效位以及小数点位置。检索或计算结果的输出,打印英文或英文缩写字母标题,辅有表头。

二、资料与估测参数项目 研究资料为四个种猪场475头姜曲海、二花脸、新淮母猪的生产记录。每头种猪资料有系谱、生长发育和繁殖性能等项目。根据1979年全国畜禽数量性状遗传参数估测科研协作会议规定,采用盛志廉的单元内同胞相关法,处理不同场别,不同年份的性状资料。同时运用吴常信的混合家系相关公式计算亲缘相关系数。

经本文运算的包括有平均数、标准差、变异系数、近交系数、遗传力、遗传相关,及差异显著性测定所必需的有关参数。可计算能力不少于157对性状间表型相关,17个性状遗传参数(遗传相关和遗传力)以及近交系数。

三、程序概图

在种猪资料数据档案库建立基础上,再由4个主程序与19个子程序,以某一主程序调用若干子程序,分别估测表型值、近交系数、表型相关、遗传相关和遗传力。所有程序构成养猪生产和育种应用软件包(图1)。

* 本文于1984年5月4日收稿。

214 畜牧兽医学报 17卷

图 近交系数表型和遗传参数软件功能的总框图

四、结果

(一)数据的存贮:475头姜曲海、二花脸、新淮母猪资料数据分别按场和头次贮存实现。每头猪有400个测定项目,共有19万个数据存贮。

(二)检索功能:根据实际工作者和管理人员要求,可查询所要求的任何资料。并可连续多次进行单项或多项检索。根据查询者的要求,将检索资料显示在荧光屏上或打印成文件。

1. 可根据查询者要求,打印某一头猪全部资料。

2. 根据查询者提出的特定要求检索,显示或打印部分资料。包括:系谱,生长发育,繁殖性能;特定复合条件检索;全同胞、半同胞或后裔检索。

(三)数据增、删、改:本系统对输入的原始数据的错误,遗漏或新增数据,具有增、删、改功能。

(四)应用软件:表型值、表型相关、遗传相关和遗传力估测与近交系数的计算均获成功。

综上所述,本研究在PDP11/23型电子计算机上,采用FORTRAN语言,首先研制建成种猪资料数据档案库;然后应用该库进行必要检索,估算近交系数、表型参数(表型值和表型相关)与遗传系数(遗传相关和遗传力),均取得满意结果,可为养猪生产和育种所应用。同时,所研制的软件经过移植,其程序稍加改动,对嘉兴黑猪的胴体品质(屠宰率、屠体长,平均膘厚,眼肌面积,皮、脂肪、肌肉、骨的胴体组成比例)及日增重等资料,进行了表型和遗传参数的估测,亦取得良好效果。

THE DATA BASE FOR BREEDER PIGS AND THE DEVELOPMENT OF SOME APPLICABLE SOFTWARES

Cao Jusheng, Ge Yunshan, Lu Changhua, Liu Yan, Huang Zaimin

(*Jiangsu Academy of Agricultural Sciences*)

图7-1 江苏农科院曹巨生等(1986)发表在《畜牧兽医学报》的文章

7.1 数据采集

采集什么数据、如何采集数据是数据管理的源头。目前在国家层面统一要求猪场采集数据是基于种猪性能测定技术规程与种猪登记技术规范,其他数据散见于《农业部关于加强畜禽养殖管理的通知》(农牧发〔2007〕1号文件)、《畜禽养殖场质量管理体系建设通则》(NY/T 1569—2007)等经济制度中。采集数据的方法有人工采集与设备自动获取2种,目前采用数据平台管理数据的猪场数据采集基本上是通过饲养人员人工采集后、再上传到平台进行管理。

制定明确的猪场原始数据库系统与内涵标准是实现猪场数据管理的基础,在全国比较统一的是种猪的繁殖性能指标。各阶段的指标内涵如下。

7.1.1 配种妊娠母猪

后备母猪存栏数:已选定进入母猪群(自繁或外购)、未配种的母猪。

成年母猪存栏数:配种开始后的所有胎次母猪。

妊娠母猪头数:配种后未复情、流产、空胎、分娩的母猪。

母猪死淘数:整个畜舍或某批死亡、淘汰的母猪数。

母猪配种数:统计期内内配种母猪头数,可进一步分别统计后备母猪或成母猪配种数。

配种分娩母猪数:统计期内配种且最后分娩的母猪头数。没有分娩的称为失配,可统计失配率。

空怀、返情、流产母猪数:统计期内配种母猪出现空怀、返情、流产的头数。配种 60 d 后母猪未怀孕,称为空怀;配种少于 60 d 母猪未怀孕,称为返情;看到流产物,视为流产。

妊娠死亡淘汰母猪数:整个妊娠舍或某批猪死亡淘汰的妊娠母猪数。

耗料量:统计不同阶段或时间段的平均耗料量。

配种记录:配种日期、母猪耳号、与配公猪、母猪胎数。

妊娠检查记录:检查日期,母猪是否妊娠、返情、流产日期。

7.1.2　分娩哺乳阶段

分娩窝数:初产母猪分娩窝数、经产母猪分娩窝数。

哺乳母猪头数:分娩后未断奶的母猪头数。

产房仔猪存栏数:出生后未转出到保育舍前的仔猪。

产仔栏位数:产房总产床数。

母猪平均断奶日龄:统计期内不同母猪哺乳天数的平均值。

断奶活仔数:同一批或同一个产房断奶时的仔猪数量,用于计算产房成活率。

产房仔猪死亡数:同一批或同一个产房出生到断奶期间死亡的仔猪数,用于计算产房死亡率。

仔猪采食量:统计不同日龄阶段仔猪的平均采食量。

产仔记录:产仔日期、母猪耳号、胎次、仔猪初生重和窝产总仔、健仔、弱仔、死胎、木乃伊胎数。

断奶记录:断奶日期、窝数、头数、均重、日龄。

留种记录:留种日期、母猪耳号、留种耳号。

7.1.3　仔猪保育阶段

保育舍仔猪存栏数:保育舍饲养的未转出的仔猪总数。

保育舍平均饲养天数:统计期内保育猪的平均饲养天数。

保育仔猪死亡数:统计期内一栋或所有保育舍死亡的仔猪数。

7.1.4　生长肥育阶段

生长肥育猪存栏数:生长肥育舍饲养的猪数。

生长肥育舍平均饲养天数:销售的生长肥育猪在肥育舍饲养天数的平均值。

7.1.5 其他数据

猪群:出生、转入、转出、淘汰、出售和死亡等情况。
环境:温度、湿度、氨气浓度、硫化氢浓度等。
饲料:各猪群或不同猪舍每日饲料出、入库情况。
物料:水、电、兽药、低值易耗等出入库及使用情况。
免疫:疫苗种类、生产厂家、批次、接种时间。
治疗:日期、猪耳号、诊断症状、使用药品名称和剂量、用药情况等。
死亡淘汰:猪耳号、死亡淘汰原因、处理方式。
消毒:消毒物品(器械工具、工作服、圈舍)、消毒液名称、消毒液浓度、消毒方式等。
无害化处理记录,设备检修记录等。

7.1.6 背膘厚与B超

有关背膘与母猪繁殖关系的研究,国内可追溯到2001年,王立贤研究员在《畜牧兽医学报》发表了"单性状选择生长速度或背膘厚母猪身体组成的变化及其与繁殖性能的关系",开启了国内对母猪背膘与繁殖关系的研究(王立贤,2001)。截至目前,在国内期刊、会议等发表相关论文32篇(表7-1)。

表7-1 改革开放40年有关猪背膘与繁殖性能关系文章一览表
(中国知网期刊库)

序号	题目	作者	来源	发表时间	数据库
1	单性状选择生长速度或背膘厚母猪身体组成的变化及其与繁殖性能的关系	王立贤,K. H. deGreef	畜牧兽医学报	2001/9/23	期刊
2	美系大白母猪100 kg体重活体背膘厚对其首胎繁殖性能影响	潘晚平,申祥科,汪学明,万德志	养殖与饲料	2006/10/1	期刊
3	后备母猪的配种日龄、体重、背膘厚对母猪繁殖性能的影响	许光锋,刘新春,庞运东	养猪	2010/12/14	期刊
4	妊娠母猪膘情对繁殖性能的影响	罗卫星,蔡惠芬,费佐元	贵州畜牧兽医	2010/10/30	期刊
5	妊娠母猪背膘和哺乳期采食量对繁殖性能的影响	于向春,郑宝,荣博涵,柳贤德	北京农业	2012/5/25	期刊
6	母猪配种时背膘厚对繁殖性能的影响	鲁春刚,李官兵,王丽丽,刘永乐	饲料广角	2013/11/25	期刊
7	泌乳阶段母猪背膘厚度对繁殖性能的影响	郭苹,孟凡,朱兰兰,张建生	江苏农业科学	2013/1/25	期刊

续表 7-1

序号	题目	作者	来源	发表时间	数据库
8	法系大白母猪分娩时背膘厚与其产活仔数和仔猪初生窝重的关联研究	马小军，徐利，李官兵，鲁春刚，王丽丽	养猪	2014/2/10	期刊
9	大白猪和长白猪妊娠周期内背膘厚对繁殖性能的影响	赵乔辉，朱世平，刘颖，候小亮，吴圣龙	中国畜牧杂志	2014/11/10	期刊
10	母猪妊娠期采食水平对其背膘厚和泌乳期采食量的影响	呼红梅，王诚，张印，王彦平，郭建凤	养猪	2014/12/10	期刊
11	初产母猪哺乳期膘情与繁殖性能关系的研究	许栋，刘炜，吴昊旻，李何君，赵乐乐	养猪	2014/6/10	期刊
12	控制好青年母猪的体重和背膘厚可以提高母猪一生的生产性能	Peter Ramaekers	饲料研究	2014/11/23	期刊
13	妊娠大白母猪背膘厚与繁殖性能关系的研究	邓秋纯	湖南农业大学	2015/12/22	硕士
14	不同背膘厚对母猪繁殖性能的影响	吴力帅，李孟，肖锦红，彭峰，常纪亮	中国猪业科技大会暨中国畜牧兽医学会 2015 年学术年会论文集	2015/9/18	中国会议
15	温带气候条件下母猪品种和体况对其繁殖性状的影响	呼红梅，王诚，张印，王彦平，郭建凤	家畜生态学报	2015/6/15	期刊
16	长大二元后备母猪配种前活体背膘厚对其繁殖性能的影响	王乐乐，芦春莲，曹洪战	中国猪业科技大会暨中国畜牧兽医学会 2015 年学术年会论文集	2015/9/18	中国会议
17	妊娠 105 天背膘厚对大白母猪初产产仔性能的影响	朱琳，赵云翔，江科，罗文基，覃李刚	中国猪业科技大会暨中国畜牧兽医学会 2015 年学术年会论文集	2015/9/18	中国会议
18	种猪背膘与繁殖性能的关系	吴春滨	中国畜禽种业	2015/10/15	期刊
19	二元后备母猪配种时背膘厚对产仔数、产活仔数和死产数影响的调查	周平，刘宏伟	今日养猪业	2015/6/15	期刊
20	数据化管理母猪背膘厚与仔猪平均初生重及产房死亡率关系的研究	王尊民，苏振东，刘辉，郑国民	养猪	2015/2/10	期刊

续表 7-1

序号	题目	作者	来源	发表时间	数据库
21	背膘厚对母猪繁殖性能的影响	宋志芳,曹洪战,芦春莲	中国猪业	2016/11/25	期刊
22	大白初产母猪背膘厚对产仔性能和断奶再配间隔的影响	赵云翔,朱琳,黄志强,江科,陈清森	养猪	2016/4/10	期刊
23	猪背膘厚与各阶段繁殖性能关系的综述	郑梓,李平,闫峻,穆淑琴	猪业科学	2016/10/25	期刊
24	母猪背膘与繁殖性能的相关分析	刘斌,石元,孙厚法	今日养猪业	2016/5/15	期刊
25	猪的背膘厚度、眼肌面积和日粮组成对其生产和繁殖性能的影响	黄浩,滚双宝	甘肃畜牧兽医	2016/6/15	期刊
26	法系大约克母猪临产背膘厚与产程、健仔率及死胎率的关系	单姝,凌宝明,蓝天,陈昌林,易健	养猪	2016/2/10	期刊
27	新丹系大约克后备母猪配种期背膘厚与头胎产仔性能的关系	李姣,王佳禹,李欣欣,吕轩,姚立	经济动物学报	2016/6/23	期刊
28	断奶背膘厚对丹系种猪繁殖性能的影响	康续清,陈善华,庄鲁,欧林,陈军	养猪	2017/12/10	期刊
29	猪背膘测定技术研究概述	李华磊,张霞,韩土焱,胡路	中国猪业	2017/11/25	期刊
30	松辽黑猪四种基因多态性与背膘厚的关联分析	徐炜琳	吉林农业大学	2017/3/1	硕士
31	背膘厚对母猪繁殖性能的影响	张景锋,朱宽佑,徐秋良,刘永祥,李君	黑龙江畜牧兽医	2018/4/10	期刊
32	深县猪初配时背膘厚与头胎繁殖性状的相关研究	芦春莲,曹洪战,苗玉涛,张力圈,李同洲	畜牧与兽医	2018/2/10	期刊

猪背膘厚的测定国内经历了屠宰测定、活体探针测定、A 超与 B 超测定 4 个阶段。A 超是单晶体接收声波,对机体组织进行点估计,以波幅变化反映回声情况,数码表示(图 7-2)。B 超(图 7-2)是多晶体接收声波,对机体组织进行区域性估计,以灰度实时超声反映回声情况,区域图像表示。猪活体不同组织间密度、声阻值以及所处位置的深浅不同,返回由不同灰度的像素构成的图像,通过对这些图像的分析,可以迅速、直接地获得猪活体某些胴体性状指标和肉质性状数据。鉴于 B 超便于携带、操作简单、价格适中,成为目前猪背膘厚与母猪孕检的重要工具。王少华等(2007)在《中国畜牧兽医》发表“兽用 B 超在克隆猪研究中妊娠诊断的应用”,邓立新等(2008)在《猪业科学》发表“B 超在母猪妊娠和排卵监测中的应用”,侯明俸等(2013 年)在《畜牧与兽医》发表“B 超在猪活体肌内脂肪含量测定中的应用”,倪德斌等(2015 年)在《养殖与饲料》发表“猪活体背膘厚、眼肌面积(B 超)测定方法的研究”。

图 7-2　A 超(左)与 B 超(右)

目前 B 超主要用于通过监测猪的背膘厚评价猪的体况以及母猪的妊娠诊断(图 7-3)。

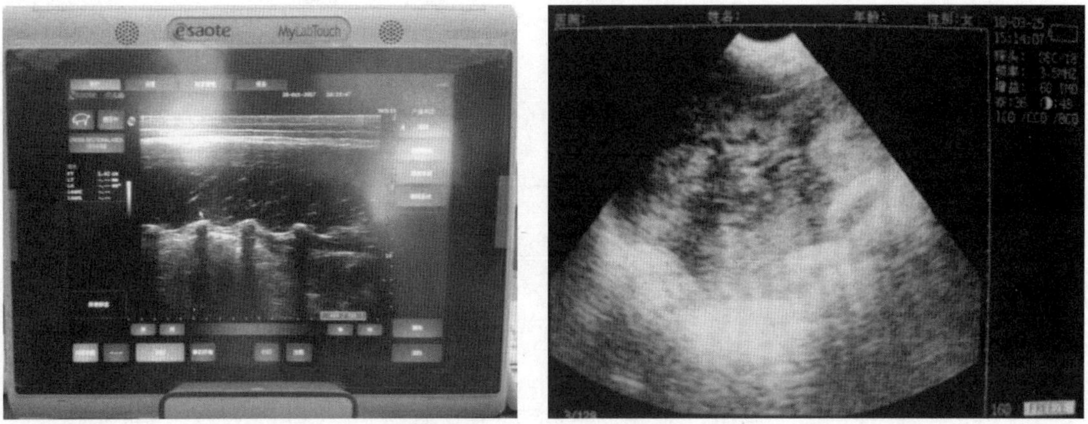

图 7-3　B 超母猪背膘厚(左)与妊娠检查(右)

7.2　数据应用

猪场数据利用是猪场采集数据的根本目的。开展数据应用必须明确利用猪场数据是用于分析影响猪场经济指标的生产要素,指导生猪生产管理;是用于评价猪场的发展水平,保障猪场健康发展;是开展猪场绩效管理的基本依据;是满足政务主管监管猪业的有效平台。据此开展猪场数据的挖掘利用就可以最大限度发挥数据的功能。

7.2.1　猪群分析

猪群结构指后备猪、种公猪、种母猪间的结构比例。合理的猪群结构可以保持猪群承前启后地健康发展。一般种公猪占种猪群4%，后备公猪群占种公猪群30%，成年母猪群占总存栏量8%～10%，待配母猪占成年母猪20%～22%，妊娠母猪占成年母猪40%～60%，分娩母猪占成年母猪24%～26%。或者，繁殖母猪数占全年生猪出栏总头数6%～7%，2.0～3.5岁母猪占繁殖母猪总头数75%以上，青壮年公、母猪(1.5～4.0岁)占基础群80%～85%等。不同规模猪场的猪群结构见表7-2。

表7-2 不同规模猪场适宜猪群结构

猪群类别	猪场规模(母猪头数)					
	100	200	300	400	500	600
空怀母猪	25	50	75	100	125	150
妊娠母猪	51	102	156	204	252	312
分娩母猪	24	48	72	96	126	144
后备母猪	10	20	26	39	46	52
公猪(包括后备公猪)	5	10	15	20	25	30
哺乳仔猪	200	400	600	800	1 000	1 200
育成猪	216	438	654	876	1 092	1 308
育肥猪	495	990	1 500	2 010	2 505	3 015
合计存栏	1 026	2 058	3 098	4 145	5 354	6 211
全年上市	1 612	3 432	5 148	6 916	8 632	10 348

7.2.2 技术指标

7.2.2.1 常用指标

母猪年分娩窝数(LSY)=365/繁殖周期=一年内产仔窝数/年内日均母猪饲养数。

繁殖周期=母猪平均妊娠期+产房平均哺乳期+母猪断奶至配种平均天数。

某阶段日均母猪饲养数/(头/d)=阶段内每天饲养母猪头数总和/阶段总天数。

某阶段母猪死亡率=某阶段内死亡的母猪数/此阶段的日均母猪饲养数×100%。

某阶段母猪淘汰率=某阶段内淘汰的母猪数/此阶段的日均母猪饲养数×100%。

每头母猪年提供的断奶仔猪数(PSY)=一年内提供断奶仔猪数/一年日均母猪饲养数。

每头母猪提供的出栏数(MSY)=一年内提供的出栏猪数/一年日均母猪饲养数。

每头母猪提供猪肉产量=一年内提供的所有出栏猪重量/一年日均母猪饲养数。

断奶配种率=已参加配种母猪数/本批能参加配种母猪数×100%。

配种受胎率=受胎母猪数/配种母猪数×100%。

情期受胎率=发情期配种受胎数/同一情期配种母猪数×100%。

配种分娩率=分娩母猪数/配种受胎母猪数×100%。

返情率=返情母猪数/配种母猪数×100%。

流产率=该批流产母猪数/该批配种母猪数×100%。

产活仔率=产活仔数/产仔总数×100%。

仔猪成活率=断乳时活仔猪数/出生时活仔猪数×100%。

哺乳成活率＝育成仔猪数/(产活仔数－寄出仔数＋寄入仔数)×100%。

保育期成活率＝该批转出猪数/该批转入保育舍猪数×100%。

生长期成活率(%)＝(销售猪数＋转出猪数)/转入生长舍猪数×100%。

出栏率(%)＝全年出栏商品猪数/年初存栏数×100%。

日增重(g/d)＝某阶段猪增加的重量/某阶段饲养天数。

料重比＝某阶段猪消耗饲料总量/某阶段猪增重总量。

7.2.2.2　PSY 与 LSY 的其他计算

PSY 即 pigs sow year，指每头母猪每年提供的断奶仔猪数量，是当前生猪生产中被大家广泛使用的一个评价繁殖猪群生产性能的指标。

LSY 即 litters sow year，指每头母猪每年分娩窝数。

1. PSY 的计算公式

(1)直接计算法。

PSY＝[统计期内断奶仔猪头数÷统计期(或前移 n 天)的种母猪平均存栏数]×(365.25/统计期天数)。

(2)窝均断奶数×LSY 法。

PSY＝LSY×(统计期内断奶仔猪头数÷统计期断奶窝数)。

(3)窝均活仔数×LSY×哺乳仔猪成活率法。

PSY＝LSY×[统计期(或前移 n 天)分娩活仔总数÷统计期(或前移 n 天)分娩窝数]×统计期的仔猪成活率。

(4)LSY×断奶仔猪数÷分娩窝数法。

PSY＝LSY×[统计期内断奶猪头数÷统计期内分娩窝数]。

上述 PSY 计算公式中，直接计算法直观体现了 PSY 指标的定义，展现了影响 PSY 的直接因素(断奶头数、种母猪存栏数)，但统计期精准核算难。

窝均断奶数×LSY 法、窝均活仔数×LSY×哺乳仔猪成活率法、LSY×断奶仔猪数÷分娩窝数法均利用 LSY 进行间接计算，利用到分娩窝数，而窝均断奶数、断奶窝数和断奶仔猪头数等放在一起计算，很容易出现样本时间交叉问题。

窝均活仔数×LSY×哺乳仔猪成活率法中的哺乳期仔猪成活率的计算同样复杂。

LSY×断奶仔猪数÷分娩窝数法中断奶仔猪数除以分娩窝数，二者要求一致，但统计是否一致，执行较难。

2. LSY 的计算公式

(1)直接计算法。

LSY＝[统计期内分娩窝数÷统计期(或前移 n 天)的种母猪平均存栏数]×(365.25/统计期天数)。

(2)怀孕天数法。

LSY＝(统计期内所有母猪怀孕天数总和÷统计期内种母猪平均存栏数)×(365.25÷统计期天数)÷115。

(3)非生产天数法。

LSY＝[365.25－(统计期内非生产天数总和÷统计期种母猪平均存栏数)]÷(统计期分娩母猪的平均怀孕天数＋统计期内断奶母猪的平均哺乳天数)。

(4)分娩间隔法。

LSY＝365.25÷统计期内在场的种母猪分娩间隔总和的平均值。

上述LSY计算公式中,直接计算法一目了然,容易理解,直观展现了影响LSY的直接因素(分娩窝数、种母猪存栏数);计算所需数据可以直接统计,准确性高。怀孕天数法使用有效怀孕天数,需要把配种后返情、流产、妊检阴性、空胎、怀孕离群的母猪的"假定怀孕"天数扣除,这些"怀孕天数"都不受人为控制,难以提前预知,准确计算难度较大。非生产天数法计算结果具有滞后性,统计样本存在不一致性,结果可靠性不高。分娩间隔法会漏掉初产母猪和数据不全的多胎次母猪,结果不具有代表性,仅适合个体性能评估计算。

7.2.3 经济指标

猪场经济指标直接反映猪场生产成本和经济效益,猪场管理者最为关注,决定猪场未来的计划和发展。猪场经济指标包括以下项目。

销售收入包括各种类猪群的销售收入。

总产值＝出栏商品猪产值＋出售种猪价值＋期末存栏猪(仔猪、生长猪、肥育猪)的价值－期初仔猪与生长育肥猪净产值＝总产值－各种物资消耗的价值。

成本费用包括:工资福利费、饲料费、燃料动力费、医药费、固定资产折旧费、固定资产维修费、母猪摊销费、低值易耗品费、其他直接费用和管理费等。根据成本项目核算各类猪群费用,计算各类猪群饲养成本和产品成本,计算公式如下。

猪群饲养成本＝猪群饲料费用/饲养头数。

断奶仔猪单位活重饲养成本＝母猪群饲养费用/断奶仔猪重量。

小猪和育肥猪单位增重饲养成本＝该猪群饲养费用/该猪群总增重量。

猪场经济效益分析是根据成本核算反映的生产情况,对猪场产品产量、劳动生产率、产品成本、盈利等进行的全面系统的分析。

产品率分析是分析仔猪成活率、平均日增重与料肉比是否达计划指标。

产品成本分析主要计算饲养费用和管理费用,一般计算育肥猪增重成本,计算仔猪活重成本。

利润核算是考核一个企业生产经营好坏的重要经济手段。

利润(亏损)额＝销售收入－生产成本－销售费用－税金±营业外收支净额。

利润率包括成本利润率、产值利润率、资金利润率和投资利润率。

成本利润率＝销售利润额÷销售产品成本×100%。

产值利润率＝总利润额÷总产值×100%。

资金利润率＝总利润额÷占用资金总额×100%。

投资利润率＝年利润额÷基本建设投资总额×100%。

投入产出比＝总收入/总产出。

产值利税率＝[总利润(含税金)÷总产值]×100%。

成本利税率＝[总利润(含税金)÷生产成本]×100%。

资金利税率＝[总利润(含税金)÷占用的固定资金和流动总额]×100%。

7.3 数据管理平台

数据管理 40 年间经历了人工管理向计算机管理、云数据管理的转变。目前多数猪场仍处于人工管理的阶段，常出现数据缺失、丢失等问题。计算机进入千家万户后，利用计算机把饲养员上报的数据输入 Excel 软件或数据库软件进行猪场的数据管理或利用计算机版软件进行数据管理，已经成为广大规模猪场数据管理的主要方式。在信息化技术特别是移动互联网技术的强力推动下，云计算进入大型生猪养殖企业的数据管理视野，加之国外设备商免费使用国外软件的推广模式中，数据云端管理正在深入猪场数据管理的各个方面，将成为生猪数据管理的主体。

7.3.1 国外数据管理平台

1997 年英国 PIC 公司进入中国，开始使用 Pigtales 软件辅助生产管理，养猪生产取得了良好的经济效益，真正达到了精细数字化管理水平（赵宏志，2016）。

1998 年授权农业部饲料工业中心代理新西兰 Massey 大学、FARM PRO Systems 公司等联合研发的 Pig WIN 猪场管理软件进入中国市场（温鹏，1999），开启了中国生猪数据管理软件化的先河。该系统具备界面友好、操作方便以及强大的报表分析功能，集合了养猪生产者、畜牧兽医、猪群健康等强大管理工具。该软件针对不同生产重点设计了七大模块，分别为 Pig LITTER——种猪群管理、Pig GAIN——肥育猪及销售管理、Pig PAD——数据输入及查询、Pig HERD——数据提取及分析、Pig MAIN——授权及安装、Pig BATCH——批量数据录入、Pig RANK——场间对比。

2012 年美国内布拉斯加州费蒙特一家公司开发 SMS 软件由四川天兆集团引入使用（龚学文，2012）。

2013 年 5 月 19 日，第十一届中国畜牧业博览会在武汉召开期间，作为国内重要的养猪设备提供商奥饲本牧业设备（上海）有限公司借助此次参会契机，发布了针对猪场生产管理的猪场管理软件——Pig CHAMP 猪场管理软件（王瑞年，2013）。该软件是 20 世纪 80 年代初，明尼苏达大学基于 DOS 系统开发的 Pig CHAMP 软件，用于养猪数据记录和分析。Pig CHAMP 是计算机保健及管理程序（Computerized Health and Management Program）的缩写，明尼苏达州立大学兽医学院最初主要应用于为临床研究提供数据收集平台，现由 Farms 公司出版，主要模块包括：生产者模块、兽医师模块、管理者模块和顾问模块。

2013 年法国 ISAGRI（胡华，2015）、2016 年丹麦 Winpig（赵自力，2016）以及美国 Herdsman 2000、英国 Agritec 公司的 Porcitec、英国 PIC 公司 Pigtales 等猪场管理软件平台相继进入中国。Herdsman 猪场生产记录管理和遗传育种评估软件是由美国 Herdsman 软件团队开发的，是知名的畜牧管理系统，包括日常管理、猪群生产纪录、发现问题、猪场选种、淘汰等。

7.3.2 国内数据管理平台

1984年，江苏省农科院等协作进行种猪资料数据存储、检索，并利用该数据库，完成了近交系数、表型参数和遗传参数估测软件。

1988年，华南农业大学等开发国内工厂化猪场综合管理系统，完成了设计、编程和调试，储存了38个猪场的基本情况数据。

1997年，北京佑格科技发展有限公司联合中国农业大学王希斌博士、张勤教授，基于Windows界面开发了GPS(猪场生产管理信息系统)和GBS(种猪育种数据管理与分析系统)，1999年推出。二者数据共享，主要功能包括：生产和育种数据的采集、生产统计分析、生产计划管理、生产成本分析、育种数据的分析、系统自维护功能等。其中，GBS能够根据实际性能测定数据和生产数据，提供基于多种统计分析模型的遗传参数估计、多性状BLUP育种值和复合育种值。之后于2008年推出KFNets(开福)1.0版、2017年推出KFNets2030版。

1998年孙德林、李炳坤主编的《工厂化养猪信息管理系统》出版。

2001年，苑存忠等以Visual Fox Pro 8.0软件包为工具，开发出可运行在Windows 9X、Me、NT、2000、XP等操作平台上的规模化种猪管理软件。

2002年，Pig CHN由中国农业大学刘少伯、葛翔等专家研制，这款软件吸收了Pig WIN、Pig CHAMP的设计思路，主要功能有：种猪档案管理、生猪群管理、性能分析与成本核算、问题诊断与工作安排、配种计划、生产预算、统计报表等。

2006年熊本海主编的《猪精细养殖综合技术平台》出版。

2013年大北农旗下农信集团以猪为主线，以猪联网为第一入口，建立了“猪管理—猪交易—猪金融”的养猪人快乐生态圈。

2016年，第十四届中国畜牧业博览会上，福州微猪信息科技有限公司举行了“微猪科技信息系统及开放平台”推介会。

2016年，猪业科学系统总结了近年来的猪场数据平台(图7-4)。

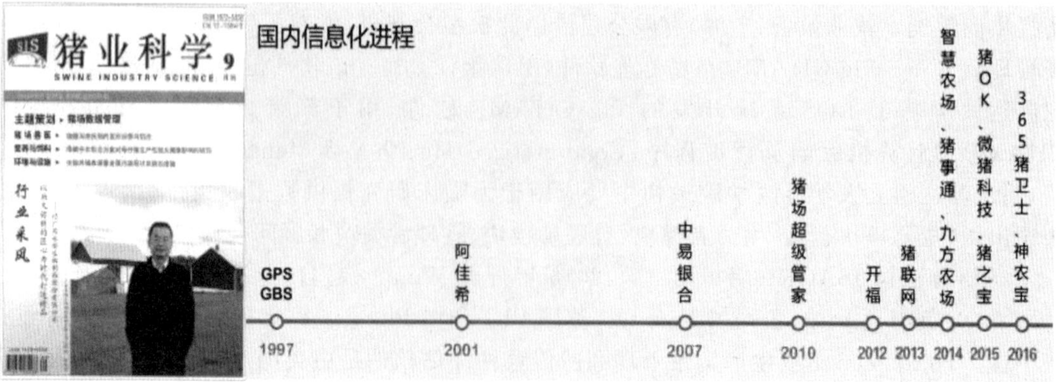

图7-4 国内其他平台

引自：猪业科学，2016，33(9)：52.

2017 年,猪葛通生猪大数据平台推出,由山西农业大学动物科技学院李清宏教授联合山西万物科联科技有限公司研发,实现了生猪生产监管一体化。

国内市场猪场管理数据平台纷繁复杂,但架构相对单一,多数功能满足了自身的猪场管理部分要求,加之国内缺乏相关标准,饲养员素质参差不齐,应用受到一定限制。此外,部分软件来源于国外软件的思路,与国情衔接有限,限制了推广使用。

7.4　基于物联网技术的生猪信息化

2015 年,国家提出“互联网＋”战略后,各大企业借助互联网机遇,猪场云管理数据软件如雨后春笋般不断涌现。基于物联网技术的生猪信息化管理涉及猪场猪舍环境智能监控、猪病智能监测预警、数字化精细喂养、全生命周期质量追溯等,已经成为规模猪场与产业发展的重要力量,推动着生猪产业的发展。

7.4.1　猪舍智能监控

猪舍环境智能监控系统基于物联网技术,在线监测猪舍空气温湿度、NH_3、H_2S、CO_2、光照度等,通过智能无线控制设备自动调控猪舍环境条件,实现猪只的健康生产,助力健康养殖。该系统由感知层、数据采集和控制层组成。

7.4.2　数字化精细喂养系统

母猪群养系统与泌乳母猪饲喂控制系统的使用,实现了母猪的精准饲喂,不仅实现妊娠母猪的饲料自动控制、泌乳母猪的饲料自动采食,而且提供了母猪的采食行为数据,为实现母猪精准饲喂、预警母猪疫病提供了便利。

7.4.3　猪病智能监测、预警和诊断系统

基于物联网技术,通过采集猪只个体的图像、行为和视频,实时猪的声音、行为、生理指标的智能检测,通过比对、发现异常猪,实现猪疫情预警系统,达到疫病早发现、早预警,控制传染病蔓延的效果。

7.4.4　全生命周期质量追溯系统

以 RFID 技术为依托,利用前端智能采集的数据,实现生猪养殖、屠宰、流通等环节信息的全程记录,后端数据平台对前端采集的数据进行存储、统计、分发等,并与政府监管部门管理系统相对接,实现生猪从养殖到肉品终端零售的全生命周期信息跟踪,满足消费者对终端零售肉品的生猪养殖等信息逆向溯源(图 7-5)。

国务院关于积极推进“互联网＋”行动的指导意见(国发〔2015〕40 号)(国务院,2015),明

确要求农业领域要利用互联网提升农业生产、经营、管理和服务水平，培育一批网络化、智能化、精细化的现代"种养加"生态农业新模式，形成示范带动效应，加快完善新型农业生产经营体系，培育多样化农业互联网管理服务模式，逐步建立农副产品、农资质量安全追溯体系，促进农业现代化水平明显提升。

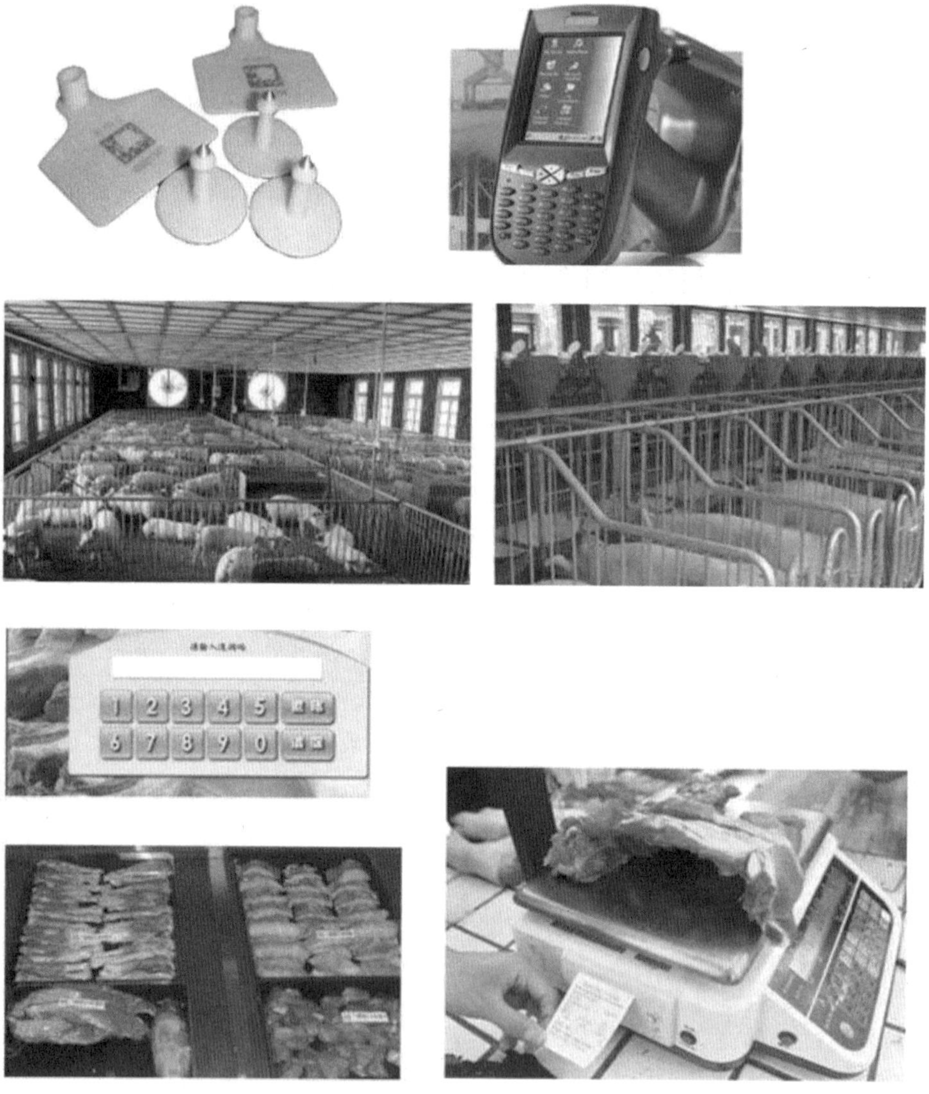

图 7-5 猪全生命周期溯源系统图

7.4.4.1 构建新型农业生产经营体系

鼓励互联网企业建立农业服务平台，支撑专业大户、家庭农场、农民合作社、农业产业化龙头企业等新型农业生产经营主体，加强产销衔接，实现农业生产由生产导向向消费导向转变。提高农业生产经营的科技化、组织化和精细化水平，推进农业生产流通销售方式变革和农业发展方式转变，提升农业生产效率和增值空间。规范用好农村土地流转公共服务平台，提升土地流转透明度，保障农民权益。

7.4.4.2　发展精准化生产方式

推广成熟可复制的农业物联网应用模式。在基础较好的领域和地区，普及基于环境感知、实时监测、自动控制的网络化农业环境监测系统。在大宗农产品规模生产区域，构建天地一体的农业物联网测控体系，实施智能节水灌溉、测土配方施肥、农机定位耕种等精准化作业。在畜禽标准化规模养殖基地和水产健康养殖示范基地，推动饲料精准投放、疾病自动诊断、废弃物自动回收等智能设备的应用普及和互联互通。

7.4.4.3　提升网络化服务水平

深入推进信息进村入户试点，鼓励通过移动互联网为农民提供政策、市场、科技、保险等生产、生活信息服务。支持互联网企业与农业生产经营主体合作，综合利用大数据、云计算等技术，建立农业信息监测体系，为灾害预警、耕地质量监测、重大动植物疫情防控、市场波动预测、经营科学决策等提供服务。

7.4.4.4　完善农副产品质量安全追溯体系

充分利用现有的互联网资源，构建农副产品质量安全追溯公共服务平台，推进制度标准建设，建立产地准出与市场准入衔接机制。支持新型农业生产经营主体利用互联网技术，对生产经营过程进行精细化、信息化管理，加快推动移动互联网、物联网、二维码、无线射频识别等信息技术在生产加工和流通销售各环节的推广应用，强化上下游追溯体系对接和信息互通共享，不断扩大追溯体系覆盖面，实现农副产品“从农田到餐桌”全过程可追溯，保障“舌尖上的安全”。

参考文献

[1] 曹巨生，葛云山，陆昌华，等. 种猪数据档案库和若干应用软件的研制[J]. 畜牧兽医学报，1986，17(3)：213-214.

[2] 崔振宇. 规模化猪场数据的收集[J]. 猪业科学，2016(09)：32.

[3] 邓立新，王国谨，程福成. B超在母猪妊娠和排卵监测中的应用[J]. 猪业科学，2008(7)：48.

[4] 龚学文. 北美 SMS 猪场标杆管理系统应用体会[C]. 第十届(2012)中国猪业发展大会会刊，2012.

[5] 国务院. 国务院关于积极推进“互联网＋”行动的指导意见. 国发〔2015〕40号. 2015.

[6] 侯明俸，蔡更元，吴珍芳，等. B超在猪活体肌内脂肪含量测定中的应用[J]. 畜牧与兽医，2013，45(7)：55-57.

[7] 胡华. 法国 ISAGRI 猪场管理软件在母猪管理中的应用[J]. 养殖与饲料，2015(1)：63.

[8] 卢纪和. 猪场数据的采集、分析与管理[J]. 猪业观察，2014(4)：66-71.

[9] 倪德斌，刘望宏，胡军勇. 猪活体背膘厚、眼肌面积(B超)测定方法的研究[J]. 养殖与饲料，2015(1)：5-9.

[10] 王立贤. 单性状选择生长速度或背膘厚母猪身体组成的变化及其与繁殖性能的关系[J]. 畜牧兽医学报，2001，32(5)：385-389.

[11] 王瑞年. 美国 Pig CHAMP 猪场管理软件发布会在武汉召开[J]. 国外畜牧学猪与

禽,2013,33(6):6.
[12] 王少华,叶锋,杭孝,等.兽用B超在克隆猪研究中妊娠诊断的应用[J].中国畜牧兽医,2007,34(1):152.
[13] 温鹏.Pig WIN——猪场管理新软件[J].中国牧业通讯,1999,(09):49.
[14] 赵宏志.Pigtales计算机软件管理系统在养猪生产中的辅助作用[J].猪业科学,2016,33(9):38.
[15] 赵自力.丹麦Winpig猪场管理软件应用的体会[J].养猪,2016(1):71.

第8章
生猪精准饲喂与管理大事记（1978—2018）

本章内容提要

本章从和生猪精准饲喂与管理相关的数据标准、数据平台及国家政策等3个方面，回顾了1978—2018年40年间的发展历程，以期反映精准养猪在中国的基本脉络。

8.1 标准建设

1987年

《瘦肉型种猪性能测定技术规程》GB/T 8467—1987。
《瘦肉型猪杂交组合试验技术规程》GB/T 8469—1987。
《瘦肉型猪选育技术规程》NY/T 61—1987。
为猪精准评价猪的性能及猪测定性能的方法提供了标准。

1999年

《中、小型集约化养猪场兽医防疫工作规程》GB/T 17823—1999。
《中、小型集约化养猪场建设》GB/T 17824.1—1999。
《中、小型集约化养猪场经济技术指标》GB/T 17824.2—1999。
《中、小型集约化养猪场环境参数及环境管理》GB/T 17824.4—1999。

《中、小型集约化养猪场商品肉猪生产技术规程》GB/T 17824.5—1999。

分别就猪主要疫病的免疫制度、猪场建筑参数、猪群结构与主要饲养技术指标、猪场环境卫生指标、猪群更新参数制定了参考标准。

2000年

《全国种猪遗传评估方案(试行)》(牧站(种)〔2000〕60号)发布,附件一《遗传评估数据记录系统标准》,明确了参与全国性遗传评估以及采用该评估系统进行场内测定的种猪测定站、核心育种场、原种猪场和繁殖场的种猪、后备种猪的猪个体号标识与性能测定数据记录系统。附件二《遗传评估性状测定规程》,规定了参与全国性种猪遗传评估以及采用该评估系统进行场内测定的种猪测定站、核心育种场、原种猪场和繁殖场的种猪、后备种猪的性能测定,测定的性状和方法。

中华人民共和国农业部令第13号颁布了农业部第11次常务会议审议通过的《动物免疫标识管理办法》,首次就动物免疫耳标、免疫档案的免疫标识发布全国统一的制度。

2004年

《种猪登记技术规范》NY/T 820—2004。

首次明确了种猪系谱登记的内容要求与个体耳缺标识标准。

《种猪生产性能测定规程》NY/T 822—2004。

首次统一了全国种猪性能测定的指标体系、测定方法。

2005年

《动物防疫耳标规范》NY/T 938—2005。

就全国统一使用的动物免疫耳标的式样、佩戴、管理等提出标准。

2006年

中华人民共和国农业部令第67号颁布了农业部第14次常务会议审议通过的《畜禽标识和养殖档案管理办法》,取代了2002年5月24日农业部发布的《动物免疫标识管理办法》(农业部令第13号)。

2007年

《畜禽养殖场质量管理体系建设通则》NY/T 1569—2007。就养殖场质量管理的机构、制度、人员、记录内容要求等做出明确规定。

2008 年

《规模猪场建设》GB/T 17824.1—2008。

明确了猪场各建筑配置标准,栏位、饮水器、饲养密度等精准饲养参数。

《规模猪场生产技术规程》GB/T 17824.2—2008。

明确了规模猪场主要生产技术参数的标准值。

《规模猪场环境参数及环境管理》GB/T 17824.3—2008。

对规模猪场环境参数标准进一步优化。

2009 年

《集约化猪场防疫基本要求》GB/T 17823—2009。

首次就生猪精准养殖中猪场选址、建筑布局、卫生防疫设施设置标准、引种隔离、消毒、驱虫等规程进行规范。

2010 年

《牲畜耳标技术规范》发布,本规范规定了牲畜耳标的标准样式、生产质量控制、加施和管理的技术要求,明确猪免疫标识耳号编码标准。

8.2 平台建设

1994 年

北京今日网讯信息科技有限公司、中国农业大学葛翔博士开发的猪场管理软件 SEM 正式推出,2017 年推出基于 Web Java 技术的猪场管理软件“e 猪宝”。

1998 年

孙德林和李炳坤主编的《工厂化养猪信息管理系统》由中国农业大学出版社出版。本书是作者已知、介绍我国生猪精准养殖平台最早的图书。

2006 年

熊本海主编的《猪精细养殖综合技术平台》由中国农业科学技术出版社出版。本书介绍了猪营养的数学模型化、猪营养需要量与饲料成分表等内容;并详细介绍了猪场(含种猪与商品猪生产)精细养殖综合技术平台。

2010年

猪场管家——生猪饲养管理平台由广西南宁久翔软件科技有限公司发布。

2011年

北京佑格科技发展有限公司联合中国农业大学及国内众多知名种猪生产企业联合开发的“GPS猪场生产管理信息系统”与“GBS种猪育种数据管理与分析系统”发布,主要开发人员王希斌博士、张勤教授等。

2014年

四川省天兆畜牧科技有限公司自主研发的“天兆云智能养猪管理系统V2.0”,通过中国版权保护中心严格审核,取得中华人民共和国国家版权局计算机软件著作权登记证书。

2015年

微信养猪系统在厦门猪博会亮相,进入公开测试阶段。

2017年

山西农业大学自主研发的“猪葛通猪场管理系统V1.0”,通过中国版权保护中心严格审核,取得中华人民共和国国家版权局计算机软件著作权登记证书。

2018年

6月27日,《养殖场直联直报信息平台建设项目》在京通过验收,上线试运行。畜禽粪污资源化利用监测进入信息化时代。畜禽粪污资源化利用是近年来农业农村部的“天字号”工程。为认真贯彻落实习近平总书记在中央财经领导小组第十四次会议上的重要讲话精神和《国务院办公厅关于加快推进畜禽养殖废弃物资源化利用的意见》(国办发〔2017〕48号)文件要求,农业农村部畜牧业司会同全国畜牧总站组织开发了养殖场直联直报信息平台。该平台整合了畜牧业信息即时采集上报系统、畜禽规模养殖场信息云平台两大畜牧业统计监测系统功能,实现了集养殖场备案管理、生产效益监测、价格监测、畜禽粪污资源化利用监测、畜牧信息发布、绩效考核、信息统计监测分析和预警等应用于一体,达到统一管理、分级使用、共享直联的总目标。该平台对提高畜牧业统计监测水平,加强畜禽粪污资源化利用监测有重大意义,是推进畜禽粪污资源化利用的重要抓手。

8.3 政　策

2006 年

农业部《关于进一步加强农业信息化建设的意见》(农市发〔2006〕16 号)。

农业部发布《2006 年高致病性禽流感和口蹄疫等重大动物疫病免疫方案》,至此,标志着指导全国畜禽重大疫病的标准化免疫方案国家制度建立。

2007 年

农业部下发《农业部关于加强畜禽养殖管理的通知》(农牧发〔2007〕1 号),首次提出在全国建立畜禽养殖场和养殖小区备案制度、养殖档案制度,并发布了畜禽养殖场、养殖小区备案表,畜禽养殖场养殖档案登记表,种畜个体养殖档案登记表,为开展生猪精准养殖奠定了基础。

农业部《关于开展全国农村信息化示范工作的通知》(农市发〔2007〕8 号)。

为贯彻落实党的十七大精神和《2006—2020 年国家信息化发展战略》总体部署,农业部组织制定发布《全国农业和农村信息化建设总体框架(2007—2015)》(农市发〔2007〕33 号)。

2010 年

农业部办公厅印发《畜禽养殖标准化示范创建活动工作方案》的通知(农办牧〔2010〕20 号),为贯彻落实 2010 年中央 1 号文件关于推进菜篮子产品标准化生产精神、促进畜牧业生产方式转变、深入推进畜禽标准化规模养殖,畜禽养殖标准化示范创建活动启动,拉开了全方位精准养猪的序幕。

2011 年

《全国农业农村信息化发展"十二五"规划》发布,是未来 5 年指导全国农业农村信息化发展的纲领性文件,是推进农业生产信息化、农业经营信息化、农业管理信息化和农业服务信息化的重要依据。

2013 年

农业部《关于加快推进农业信息化的意见》(农市发〔2013〕2 号)。

农业部印发《全国农业农村信息化示范基地认定办法(试行)的通知》(农市发〔2013〕1 号),并启动全国农业农村信息化示范基地认定。

2015年

国务院《关于积极推进“互联网＋”行动的指导意见》(国发〔2015〕40号),意见指出:“互联网＋”是把互联网创新成果与经济社会各领域深度融合,推动技术进步、效率提升和组织变革,提升实体经济创新力和生产力,形成更广泛的以互联网为基础设施和创新要素的经济社会发展新形态。明确要求农业领域要利用互联网提升农业生产、经营、管理和服务水平。

国务院《关于印发促进大数据发展行动纲要的通知》(国发〔2015〕50号)。通知指出:全球范围内,运用大数据推动经济发展、完善社会治理、提升政府服务和监管能力正成为趋势,大数据已经成为推动经济转型发展的新动力,成为重塑国家竞争优势的新机遇,成为提升政府治理能力的新途径。

2016年

农业部关于印发《“十三五”全国农业农村信息化发展规划》的通知(农市发〔2016〕5号)。

2017年

农业部启动数字农业建设试点(农办计〔2017〕1号、72号)项目,内容是重点集成推广养殖环境监控,畜禽体征监测,精准饲喂,智能挤奶、捡蛋,废弃物自动处理,网络联合选育等技术。与生猪有关的主要建设内容有:建设自动化精准环境控制系统,改造升级畜禽圈舍通风、温度控制、空气过滤和环境监测等设施、设备,实现饲养环境自动调节;建设数字化精准饲喂管理系统,配置电子识别、自动称量、精准上料、自动饮水等设备,实现精准饲喂与分级管理;改造畜禽粪便清理系统,实现自动清理;建设畜禽疫病监测预警系统,实现对动物疫病的预警、诊断和防控;建设繁殖育种数字化管理系统,配置动物发情智能监测装备,构建种畜遗传评估系统,提高种畜繁殖效率。

根据《农业部办公厅关于征集农业农村大数据实践案例的通知》(农办市〔2017〕22号),农业部办公厅公布农业农村大数据实践案例(农办市〔2017〕32号)——温氏食品集团股份有限公司大数据技术应用、重庆市荣昌区生猪活体网市大数据实践。

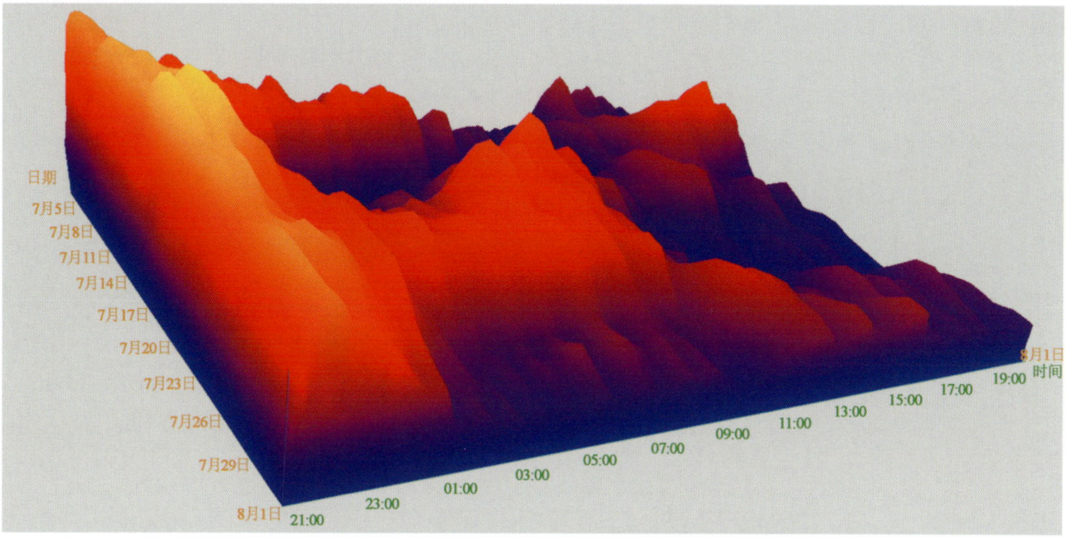

彩图 6-30　不同饲养日、不同时间段采食量分布图

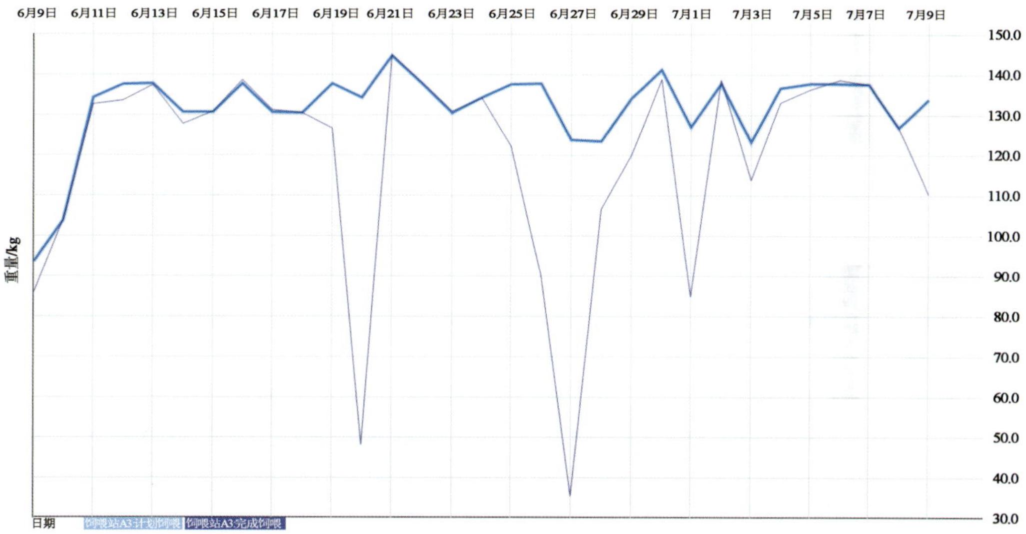

A. 猪采食计划量与完成量

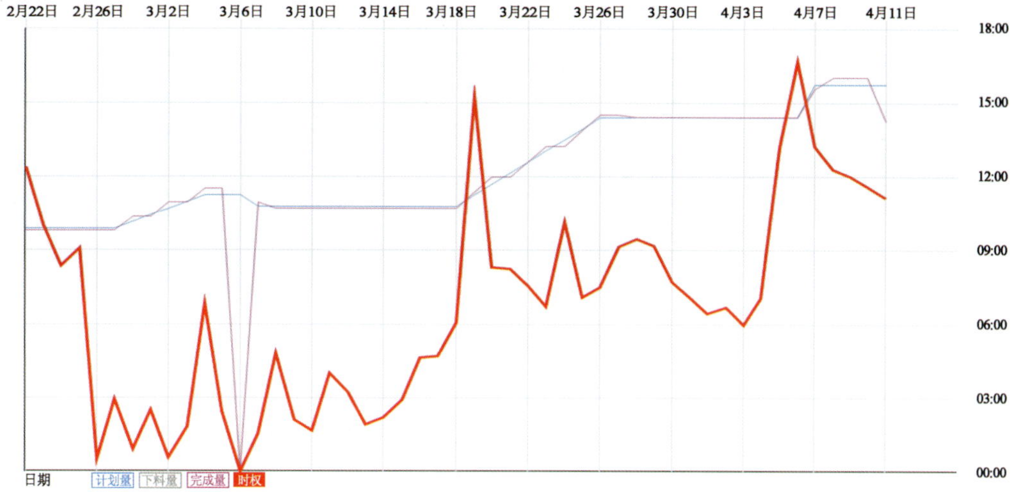

B. 猪采食时权图

彩图 6-31　猪采食计划量、完成量与时权图

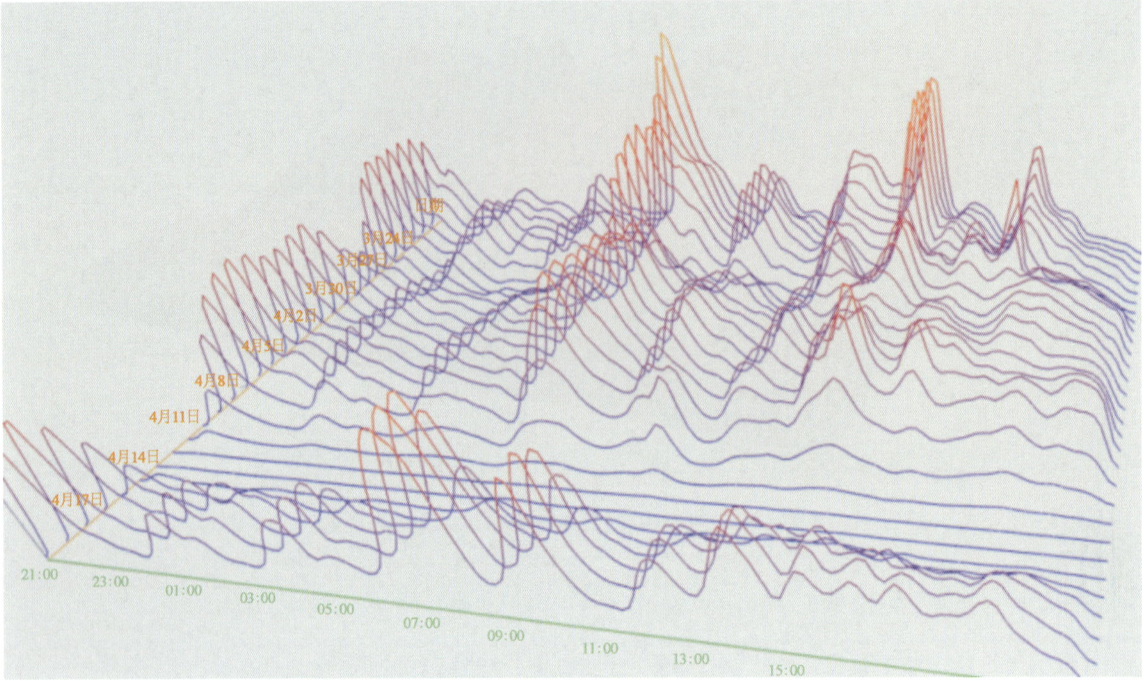

彩图 6-34　母猪群触碰料槽感应器信号多日分布图

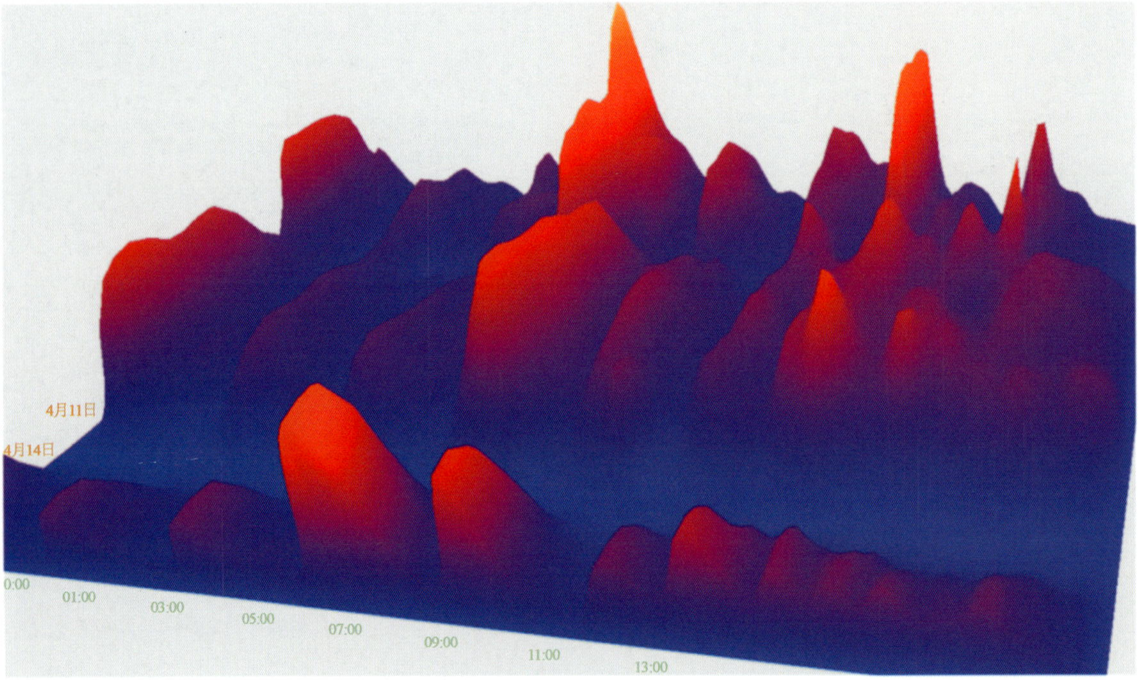

彩图 6-35　母猪群触碰料槽感应器信号多日三维图